大友啓史監督の
クリエイティブの秘密に迫る

映画監督の成功術

Ryuho Okawa
大川隆法

たくさん頂いた。テレビ局にもない取材法ではあるが、宗教としての可能性を私も開拓中《かいたくちゅう》であるので、お相手下さってまことに有難いことだと思っている。

二〇一五年　四月八日

幸福《こうふく》の科学《かがく》グループ創始者兼総裁《そうししゃけんそうさい》　大川隆法《おおかわりゅうほう》

映画監督《かんとく》の成功術

大友啓史《おおともけいし》監督のクリエイティブの秘密《ひみつ》に迫《せま》る

目次

映画監督《かんとく》の成功術
大友啓史《おおともけいし》監督のクリエイティブの秘密《ひみつ》に迫《せま》る

二〇一五年一月二十八日　収録
東京都・幸福の科学総合本部にて

まえがき　1

1　ハリウッドレベルに迫る映画監督から「監督学」を学ぶ　13
映画「るろうに剣心《けんしん》」等で注目されている映画監督・大友啓史氏　13
NHK時代、大河《たいが》ドラマ「秀吉《ひでよし》」「龍馬伝《りょうまでん》」等を手がける　15
今、映画やドラマのヒット作を研究する意味とは　16
誰《だれ》が観《み》ても「損をした」と言わせない映画づくりのために　20

ハリウッドレベルに迫る映画「プラチナデータ」と「るろうに剣心」 21
「大友映画」の特徴《とくちょう》と、彼に注目する理由 25
大友啓史監督の守護霊に「成功術」について訊《き》く 26

2 映画は「哲学《てつがく》」を込《こ》めたエンターテインメント 31

開口一番、「大変なことになっちゃったなあ」 31
大友監督守護霊から見た幸福の科学の映画の印象 35
「これは危険な企画《きかく》だねえ」と尻込《しりご》みする大友監督守護霊 39
ハリウッドで問われた「作品づくりの姿勢」 44
大友監督守護霊が指摘《してき》する、欧米《おうべい》映画の意外な特徴とは? 47
大河ドラマ「龍馬伝」、映画「るろうに剣心」に込めた願い 52

3 「新しいもの」をつくり出す監督の条件 55

「成功のコツ」として、大友監督守護霊が最初に挙《あ》げたもの 55

異質なものを組み合わせて「新しみ」を生み出す　58
俳優の演技以外に監督が意識するべきもの　61
撮影《さつえい》は〝ジグソーパズル〟をつくっているような感じ　63
守護霊が語る「監督業」の厳しさ　66
監督が兼《か》ね備えるべき二種類の「性格」とは　70
「演技のプロ」に演技指導をするコツ　73
「るろうに剣心」は、なぜハリウッド級に見えるのか　75

4 「若手とベテランを生かし切る」監督業の醍醐味《だいごみ》　78

「支局でのさまざまな経験」が監督業に活《い》きている　78
「使える俳優の範囲《はんい》」は監督の力量に応じて決まる　80
大友監督が十七歳《さい》の武井咲《たけいえみ》を起用したわけ　83
「ベテランに脇役《わきやく》を上手に演じてもらう」のは大変なこと　84

若手の才能を伸《の》ばし、ベテランを説得するコツ　87
「監督冥利《みょうり》に尽《つ》きる」映画製作とは　90
「未完の大器《たいき》をスターに育てる」大友監督流〝産婆術《さんばじゅつ》〟とは　92

5 監督業で活きている「ジャーナリズムの視点」　97
「坂本《さかもと》龍馬は人の話を聞くのが上手な人だ」と感じた理由　97
「ジャーナリズムの原点」は庶民《しょみん》の声を聞いて伝えること　98
なぜNHKは「幸福の科学の声」を取り上げないのか　103

6 クリエイターとしての監督に求められる「技術」とは　107
「クリエイター」はいろいろな専門や職業から出てくる　107
「常識・知識・世界への関心」が必要なクリエイターの世界　109
大友監督が俳優を起用するポイント　111
「私は原石を磨《みが》くぐらいの立場」という今の自己認識　114

7
〝メディア界の神様〟になれる「成功力」とは 117
番組の評価は、最終的に「視聴率《しちょうりつ》」に表れる 117
「運」と「人間関係」に恵《めぐ》まれなければ成功はできない 120

8
「ハリウッド進出を狙《ねら》っているのか?」大友監督の本心に迫る 123
「ハリウッド」が強大な力を持っている理由 123
ハリウッドに対しては「日本的なもの」で差別化して攻《せ》める 127

9
大友監督の霊的背景を探《さぐ》る 129
過去世《かこぜ》で「儒学者《じゅがくしゃ》」をしていたと語る大友監督守護霊 129
過去世でイタリアに生まれたときの職業とは 133

10
ヒット作を生み出す大友監督の〝企業秘密〟 138
自分の仕事に必要な当たり前の勉強を、当たり前にしているか 138
活字や映像になっていない「第一次情報」を集める努力を 142

ドラマ性のない世界のなかに、〝もう一つのドラマ〟を見抜《みぬ》く　145
「第一次情報」を得るための「取材能力」　149
「役者の可能性」を常に考えなければいけない　152
「適度な距離《きょり》を取りながら交流していきたい」　155

11 初となった映画監督の守護霊霊言《れいげん》を終えて　160
今回の霊言で分かった「若い俳優」を使う理由　160
ニュースター・プロダクション社長へのアドバイス　162

あとがき　166

「霊言現象《れいげん》」とは、あの世の霊存在の言葉を語り下ろす現象のことをいう。これは高度な悟《さと》りを開いた者に特有のものであり、「霊媒現象《れいばい》」（トランス状態になって意識を失い、霊が一方的にしゃべる現象）とは異なる。外国人霊の霊言の場合には、霊言現象を行う者の言語中枢《ちゅうすう》から、必要な言葉を選び出し、日本語で語ることも可能である。

また、人間の魂《たましい》は原則として六人のグループからなり、あの世に残っている「魂のきょうだい」の一人が守護霊《しゅごれい》を務めている。つまり、守護霊は、実は自分自身の魂の一部である。したがって、「守護霊の霊言」とは、いわば本人の潜在《せんざい》意識にアクセスしたものであり、その内容は、その人が潜在意識で考えていること（本心）と考えてよい。

なお、「霊言」は、あくまでも霊人の意見であり、幸福の科学グループとしての見解と矛盾《むじゅん》する内容を含《ふく》む場合がある点、付記しておきたい。

映画監督の成功術

大友啓史監督の クリエイティブの 秘密に迫る

2015年1月28日　収録
東京都・幸福の科学総合本部にて

大友啓史《おおともけいし》（一九六六〜）

映画監督《かんとく》、演出家。慶応義塾《けいおうぎじゅく》大学法学部卒業後、ＮＨＫに入局。ロサンゼルスに二年間留学し、ハリウッドで脚本《きゃくほん》や演出等を学ぶ。帰国後は大河《たいが》ドラマ「龍馬伝《りょうまでん》」をはじめ、「ちゅらさん」シリーズや「ハゲタカ」「白洲次郎《しらすじろう》」等を演出。独立後、日本人初となるワーナー・ブラザースとの複数本監督契約《けいやく》を締結《ていけつ》。映画「るろうに剣心《けんしん》」三部作や「プラチナデータ」の監督を務める。

質問者　小田正鏡《おだしょうきょう》（幸福の科学専務理事〔メディア文化事業局担当〕
　　　　　　　　　ニュースター・プロダクション株式会社代表取締役《とりしまりやく》）

松本弘司《まつもとこうじ》（幸福の科学メディア文化事業局担当常務理事 兼《けん》 映画企画《きかく》担当）

石原直樹《いしはらなおき》（幸福の科学宗務《しゅうむ》本部庶務《しょむ》局主任）※大友啓史氏の甥《おい》

［質問順。役職は収録時点のもの］

1　ハリウッドレベルに迫《せま》る映画監督《かんとく》から「監督学」を学ぶ

映画「るろうに剣心《けんしん》」等で注目されている映画監督《かんとく》・大友啓史《おおともけいし》氏

大川隆法　今まで、俳優や女優、ニュースキャスター等の守護霊《しゅごれい》インタビューをいろいろと行《おこな》ってきましたが、映画監督《かんとく》はまだ行っていませんでした。

ちょうど、●ハッピー・サイエンス・ユニバーシティ（ＨＳＵ）でクリエイティブ部門についても研究しようと思い始めたところであり、「監督術」あるいは「監督学」といったものも、少し学ぶ必要があるのではないかと考えています。

そこで、昔の大家《たいか》を呼んでもよいのですが、時代がずれると、それが現代に合っているかどうか分からない面もあるので、やはり、今、注目されている人から

●ハッピー・サイエンス・ユニバーシティ（HSU）「現代の松下村塾」として2015年4月に開学の「日本発の本格私学」（創立者・大川隆法）。2016年度より、「芸能・クリエーター部門専攻コース」を含む「未来創造学部」が開設予定。

入ってみようかと思います。

今日は、大友《おおとも》啓史《けいし》監督を取り上げるつもりですが、映画監督としてはご存じの方も多いでしょう。

以前はＮＨＫに長く勤《つと》めておられたので、ＮＨＫ時代につくったものも、もちろん、だいぶあるのですけれども、二〇一一年に独立しています。

独立後の映画としては、二〇一二年に「るろうに剣心《けんしん》」の第一作、一三年に「プラチナデータ」、一四年に「るろうに剣心　京都大火《たいか》編」と「るろうに剣心　伝説の最期《さいご》編」ということで、四作品になりますが、ほかにも経済映画（「ハゲタカ」）をつくられたりしたようです。

映画「ハゲタカ」
（2009年公開／東宝）

ＮＨＫ時代、大河《たいが》ドラマ「秀吉《ひでよし》」「龍馬伝《りょうまでん》」等を手がける

大川隆法　大友監督は、私より十歳《さい》ぐらい若い方のようです。慶応《けいおう》大学の法学部を出てＮＨＫに入り、いわゆる内部で制作をするほうのプロになっていったのだと思います。

　私の知っているものとしては、例えば、賞を取ったドラマ「ハゲタカ」（二〇〇七年放送）や「白《しら》洲次郎《すじろう》」などを覚えています。

　いちばん有名なのは、大河《たいが》ドラマ「龍馬伝《りょうまでん》」でしょう。龍馬人気をもう一回復活させ、かなり新しいイメージの龍馬像を出しています。歌手の福《ふく》

大河ドラマ「龍馬伝」
（2010 年放送／ NHK）

テレビドラマ「白洲次郎」
（2009 年放送／ NHK）

山雅治《やままさはる》さんを起用して龍馬役をさせ、イメージを変えました。

また、古くはなりますが、大河ドラマ「秀吉《ひでよし》」の演出をしたこともありました。温泉好きで女狂《ぐる》いの〝変わった秀吉〟を描き、それを演じた竹中直人《たけなかなおと》さん自身が「カルト作品」と言っていたほどのものでした（笑）。ただ、三十パーセント以上の視聴率《しちょうりつ》を稼《かせ》ぎ、大河ドラマとしてはかなりのところまで行《い》ったのです。

大河ドラマ「秀吉」
（1996年放送／NHK）

今、映画やドラマのヒット作を研究する意味とは

大川隆法　ところで、実は、私が映画をつくるようになって、いつの間にか足かけ二十年以上も続けていることになっています。
その作品にはアニメーションが多いのですが、実写も二作（「ノストラダムス戦慄《せんりつ》の啓示《けいじ》」、「ファイナル・ジャッジメント」）つくり、今、三作目に取りかかろうとしているところです。

したがって、アニメと実写を合わせると、今年で九作目（二〇一五年十月公開予定のアニメーション映画「ＵＦＯ学園の秘密」）の発表となります。

今のところ、そのあとは十作目、十一作目を実写で、十二作目をアニメにするということぐらいまでは、だいたい予定ができています。

これは本業《ほんぎょう》ではなく、ときどきつくっているつもりではいたのですが、いつの間にか、かなりの数をつくっています。

幸福の科学出版の映画より（いずれも大川隆法製作総指揮）

アニメ映画「UFO学園の秘密」（2015年10月公開予定）

実写映画「ファイナル・ジャッジメント」（2012年公開）

実写映画「ノストラダムス戦慄の啓示」（1994年公開）

そういう意味で、以前から映画等もぼちぼち観《み》てはいたものの、数多く観るようになったのは、当会が本格的に海外伝道を始めた時期と、幸福の科学学園をつくり始めた時期とが重なったことも関係しています。

要するに、海外伝道のために、英語の勉強をし直さなければいけなくなったことと、学園のための英語教材を自分でつくり始めたこととが同時期に来たため、もう一回〝リハビリ〟を兼《か》ねて、とにかく、洋画をたくさん観始めたのは事実なのです。

そのため、二〇〇七年以降は、洋画をずいぶん観ました。その本数を言うのは恥《は》ずかしいので、あえて正確な数は言いませんけれども（笑）。

例えば、千八百冊の本を書くためには、図書館丸ごと一館分ぐらいは本を読んでいないと、書けるものではありません（『大川総裁の読書力』〔幸福の科学出版刊〕参照）。

英語でも本を書いたりするには、ある程度、いろいろなものを勉強しなければいけないので、（洋画も）かなりの本数に上《のぼ》っているかもしれませんが、おそらく、数百本では止まらず、数千本まで行っている可能性があるでしょう。

ただ、最初は洋画を中心に観ていたのですけれども、最近では日本のマーケット調査をする必要もあって、実需《じつじゅ》の観点から、日本の映画やテレビドラマも研究し始めています。

そのきっかけとしては、政党（幸福実現党）の〝三振《さんしん》〟があまりにも多いため、「民心《みんしん》をつかめず、どこか離《はな》れているのではないか」というところもあったのかもしれません。

また、宗教は「人間研究」が基本です。本を書いたり説法《せっぽう》したりするのも重要なことですが、その中心には人間研究があるのです。

そういう意味では、映画やドラマも本に劣《おと》らず重要な材料であるし、もっと

●英語の本　英語で説き下ろした『Power to the Future』（幸福の科学出版刊）等の説法集や、欧米圏等の霊人の英語霊言、英訳版書籍等を数多く発刊。また、『The Essence of 黒帯英語への道（上・下）』（同）をはじめ、英語力を高め、教養を深める学習テキストを二百数十冊以上著している。

〝立体的〟な、二次元から〝三次元〟の表現に移ってのものではあります。

映画には、いろいろな人間模様が出てくるし、歴史的なものも出てきます。多角的に人間研究をするという意味では、大事な材料となるでしょう。

特に、映画に関しては、「ヒットするか、当たるかどうか」といったところにも、やはりひとつの〝読み〟の部分があります。経営学で言うところの、いわゆる「マーケティング」の勉強という意味でも、「どんなものならヒットするのか、当たるのか」と考えるのも大事なことではないかと思います。

誰《だれ》が観《み》ても「損をした」と言わせない映画づくりのために

大川隆法　もともと、幸福の科学の映画は、真理の伝道のために続けているものであり、もちろん、その基本は外《はず》していないつもりです。

ただ、最初から「幸福の科学の信者のみが観《み》て満足する」というだけでは、私は納得《なっとく》していませんでした。当然、信者には満足してもらわなければいけませんが、「もし、信者以外の人が知らずにチケットを買い、映画館に紛《まぎ》れ込《こ》んだとしても、『損をした』とは言わせない」というあたりを最低ラインとして押《お》さえることを、私は、いつも言い続けています。

そういう意味では、「宗教映画」あるいは「真理映画」ではありつつも、ある程度のエンターテインメント性や作品としての芸術性、満足度なども追究していたのは事実です。

ですから、他のものもいろいろ研究する必要はあると思っています。

ハリウッドレベルに迫《せま》る映画「プラチナデータ」と「るろうに剣心《けんしん》」

大川隆法　私は、「日本映画は洋画に比べて面白《おもしろ》くない」と思うことが多かったのですけれども、この大友監督が出てきたあたりから「面白くなってきた」という感じが強くなり、今、注目される監督の一人です。

彼は、独立してまだ三、四年でしょうから、一生懸命《いっしょうけんめい》なのだろうと思います。

私は以前、「るろうに剣心《けんしん》」や「プラチナデータ」を観た当時は、バラバラに観ていて、まだつながっていなかったのですが、これらがいずれも大友監督の作品であることを、あとで知ったわけです。

「プラチナデータ」を観たときには、ハリウッド映画を観たあとのような感覚が残ったので、「あれ？ 日本映画でも、ハリウッド感覚というのがありえるのだな」という感想を持ちました。

これは、「嵐《あらし》」の二宮和也《にのみやかずなり》さんと、まったくそういうファン層を狙《ねら》ってはいないと思われる、人相《にんそう》の悪そうなトヨエツ（豊川悦司《とよかわえつし》）さんとの組み合

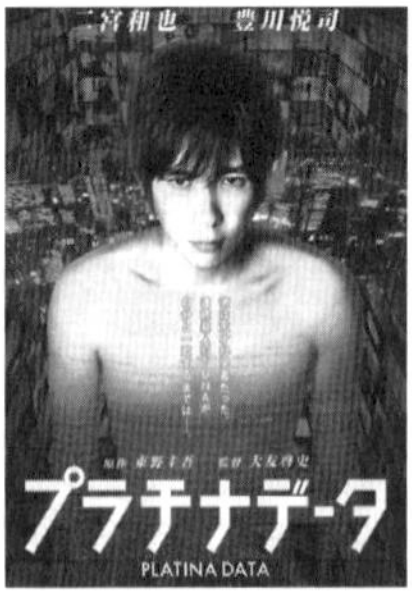

映画「プラチナデータ」
（2013年公開／東宝）

わせという映画でした。

映画で二宮さんは走り回っていて、なかなかそれなりにスピード感のある作品でしたが、あの〝走る〟感じが、「るろうに剣心」では、佐藤健《さとうたける》さんに替《か》わったのかなと思います。

ところで、「嵐」の二宮さんについては、私が健康診断《しんだん》を受けに行った病院で、たまたま彼の真正面に座《すわ》ってしまい、一瞬《いっしゅん》、〝にらめっこ〟をしたことがありました（笑）（会場笑）。

そのとき、彼は下を向いていたので、私を知っていたかどうかは知りませんが、私のほうはしばらく向こうを観察していたのです。「ああ、意外に小柄《こがら》で、細いんだなあ」などと、身長、体重、その他を一生懸命目測《もくそく》していたのですけれども、本当にほっそりとした方で、ああいうアクションものに出たりするのはやや信じられないところがあるのですが、やはりパワーはあるようです。

その「プラチナデータ」も、確かに「ハリウッド」を感じさせるものでした。

さらに、「るろうに剣心」も、一作目についてはそこまでは思いませんでしたが、昨年（二〇一四年）の「京都大火編」と「伝説の最期編」を観たときには、「ハリウッドレベルまで来ているのではないか」という感じを受けたのです。

ただ、人によっては逆に、「ハリウッドなんか、日本の真似《まね》ばかりしている」というような本を出している人もいて、感想はいろいろであり、どちらが進んでいるかは分からないところもあるでしょう。

アニメに関しては、日本のほうがかなり進んでい

映画「るろうに剣心」
〈右〉第1作、〈中・左〉京都大火編 / 伝説の最期編
（第1作：2012年公開、京都大火編 / 伝説の最期編：2014年公開／ワーナー・ブラザース映画）

る可能性もあって、当会がつくっているようなアニメを、ハリウッドではつくれないかもしれませんが、このへんはまだ研究中ではあります。

いずれにしても、「龍馬伝」あたりから、この人の「運勢《うんせい》」が変わってきた感じはします。

「大友映画」の特徴《とくちょう》と、彼に注目する理由

大川隆法　映画としての特徴《とくちょう》は、非常に「スピード感」があるということです。

ちなみに、私も「るろうに剣心」の映画を三回ぐらい観ており（笑）、メイキング映像等まですべてチェックが終わっているのですが、殺陣《たて》の部分がそうとう凝《こ》っていました。やはり、斬《き》る回数が多く、かなりの回数、斬っています。

それから、速さがすごいのです。あれはフェンシングぐらいのノリです。「日本刀を使い、フェンシングやボクシング、ないしはカンフー映画のノリで演じて

いる」という、そのくらいのところに入っているので、おそらく、外国の人が観ても面白かろうと思います。

一作目の興行《こうぎょう》収入は三十億円超《ちょう》だったそうですが、「昨年の二作品は、製作費が合わせて三十億円。興行収入は百億円近かった」という話ですから、なかなか結構なことです。

また、作品に出られた方々もみな、俳優として箔《はく》が付いて、偉《えら》くなっていきそうな雰囲気《ふんいき》が出てきているので、大友監督は見る目もありますし、彼の作品を通すことによって、さらに新しいチャンスが開けていくのではないかという感じがしています。その意味で注目に値《あたい》するでしょう。

大友啓史監督《かんとく》の守護霊《しゅごれい》に「成功術」について訊《き》く

大川隆法　ただ、今日の「映画監督《かんとく》の成功術」というテーマを〝生《なま》〟の本人にぶつけたら、おそらく、「勘弁《かんべん》してくれ」と言うと思います。「これはないだろう」という言い方をし、きっとこれには乗ってこないでしょうから、「しかたがない。守護霊《しゅごれい》に訊《き》くしかない」というわけです。

（石原に）ところで、あなたは（大友監督の）甥《おい》に当たるのですか。

石原　はい。監督は私の叔父《おじ》に当たります。

大川隆法　（石原を指して）彼は、ご親族の一人であり、家系図によれば甥に当たる方です。宗務《しゅうむ》本部の〝無名選手〟で、ご存じない方が多いと思いますが、今日は、〝責任〟を取ってもらうために来てもらいました。

場合によっては、給料を当会で持ち、彼を〝雑用〟として送り込んで、実写映画の研究をさせてもよいかなと思ったりもします。ただ、使《つか》い出《で》はあるとは思うものの、「助監督」などというと一発で断られるかもしれないので、そのあたりについては分かりません。

いずれにしても、今、当会では実写映画をつくろうとしていますし、「ハッピー・サイエンス・ユニバーシティ（ＨＳＵ）」でも、そういうものを研究しようと考えています。また、「スター養成部」も持っているので、ますます研究の余地はあるわけです。

大友監督は（成功術を）言わないかもしれませんが、そこを何とか上手に頼《たの》み込み、「まあ、そうおっしゃらずに」ということで、思うところを述べていただければと思っています。

彼は、『クリエイティブ喧嘩術《けんかじゅつ》』（ＮＨＫ出版）などという本も出しているため、クリエイティビティ（創造性）については関心があるのだろうし、「喧嘩術」というぐらいですから、変わったことをして他人《ひと》とぶつかるようなことも、けっこう好きな人なのだろうと思います。

ただ、NHKに長く勤めていらっしゃったので、模範《もはん》的なものの考え方もできるのでしょう。俳優の起用の仕方を見ると、確かに、ある程度NHKでも出せるタイプの人をよく雇《やと》っているようではあると感じます。

さあ、どのように見ておられるのでしょうか。幾《いく》つかの賞も取られていますので、そのあたりの報告も兼ねて訊いてみたいと思います。

（質問者に）では、そろそろよいですか。行きますね。

（合掌《がっしょう》、瞑目《めいもく》し）「るろうに剣心」等で大きな成功を収められました、映画監督の大友啓史監督の守護霊よ。

どうか、幸福の科学総合本部にお出《い》でいただいて、その成功の秘密、考えておられること、あるいは、われらに対する成功へのヒントをご教授くだされば、まことに幸いであります。

● ドラマ「ハゲタカ」でイタリア賞他、大河ドラマ「龍馬伝」で東京ドラマアワード2010国際ドラマフェスティバル優秀賞他、映画「るろうに剣心 京都大火編／伝説の最期編」でJapan Action Awards 2015 ベストアクション作品賞・MVP他など、受賞多数。

映画監督である大友啓史監督の守護霊よ。

どうか、幸福の科学総合本部に降りたまいて、われらに、その心の内を明かしたまえ。

ありがとうございます。

大友監督、ありがとうございます。

（約十秒間の沈黙《ちんもく》）

2 映画は「哲学《てつがく》」を込《こ》めたエンターテインメント

開口一番、「大変なことになっちゃったなあ」

大友啓史守護霊 （頭を左右に振《ふ》り、肩《かた》を上げ下げしながら）おう、おう、おう、おう、おお。大変なことになっちゃったなあ。

小田 大友啓史監督《かんとく》の守護霊様でいらっしゃいますか。

大友啓史守護霊 ええ？ いやあ、そう……。

あのなあ、あなた、これは間違《まちが》ってるよお。もっと古い、黒澤《くろさわ》監督あたりから順番に行かなきゃ駄目《だめ》じゃないですか。

小田　いや、今、大友監督は「飛ぶ鳥を落として」おられますので。

大友啓史守護霊　いやあ、あのへんから（霊言《れいげん》を）やっていれば、私のほうは、その間に、もうちょっと実績がついてくるからさ。まだ……。

小田　いずれにしても、今日は、幸福の科学総合本部にお越《こ》しくださいまして、本当にありがとうございます。

大友啓史守護霊　いやあ、まいったねえ。いやいや、一緒《いっしょ》に仕事をした俳優をいろいろ取り上げていただいているらしいので、それはありがたいことだとは思っていましたが、私を出すとは思ってなかったんで（苦笑）。

小田　今日は、ぜひ、たくさんのお話を伺《うかが》いたいと思っていますので、どうぞよろしくお願いいたします。

大友啓史守護霊　いやあ、宗教、ぶち壊《こわ》しになるよ？　いいのかい？

小田　いえ、いえ、いえ、いえ。ぜひ、「ヒットの秘訣《ひけつ》」を教えていただければと思います。

大友監督作品に出演する俳優の守護霊霊言

〈右〉『時間よ、止まれ。―女優・武井咲とその時代―』
〈左〉『俳優・香川照之のプロの演技論　スピリチュアル・インタビュー』
（共に大川隆法 著／幸福の科学出版）

大友監督作品に出演する俳優のなかで、これまでに武井咲《えみ》や香川照之などの守護霊霊言を収録し、書籍化している。

大友啓史守護霊　「ヒットはしたが、教団は壊れた」ってなったら、どうするんだよ。知らないよ？　へそが曲がってるからね、言っとくけど。そんなに真《ま》っ当《とう》じゃないよ。

小田　はい。そのあたりの話や、「監督とは、いったい何を大事にしたらよいのか」というような話もお聞きしたいと思いますので、どうぞよろしくお願いいたします。

大友啓史守護霊　いやあ、まいったね！

大友監督《かんとく》守護霊から見た幸福の科学の映画の印象

大友啓史守護霊　（左斜《なな》め上の照明を見上げて）明るすぎるねえ（会場笑）。やっぱり、雰囲気《ふんいき》が……、ねえ？　ちょっと十分じゃないねえ。

小田　ああ、そうですか。

大友啓史守護霊　やっぱり、もうちょっと、こう、何と言うか……、私のレベルに合った、もう少しくだけた感じか、野性味《やせいみ》がある感じか、お酒が出てくるような雰囲気か、まあ、そんなところが、何かあったほうがいいけど。

小田　ああ、分かりました。

大友啓史守護霊　まあ、いいよ！　それは、宗教に言っちゃいけないことだ。「禁欲《きんよく》の世界」だよね。

君たちは、禁欲の世界で映画をつくろうとしてるんだから、大変なこと……。

小田　いえ、いえ、いえ、いえ。私たちは、「多くの人を楽しませよう」と思って、映画をつくっておりますので。

大友啓史守護霊　ほおー。ああ、そう。

小田　ええ。そのあたりのところの秘訣を、ぜひ……。

大友啓史守護霊　楽しませようと思ってるわけ？

小田　ええ。

大友啓史守護霊　あ、そうなの。

小田　やはり、映画というものは、多くの人を楽しませることが使命だと思いますのでね。

大友啓史守護霊　あ、そうなの。そういう気持ちがあるわけ!?

小田　そういう気持ちはあります。

大友啓史守護霊　全然、分からなかった！（会場笑）まったく分からなかった！

ただただ、教養を〝立体〟に換《か》えて……、まあ、〝立体〟っていうか、映像に換えて伝えようとしてるのかなあと思った。あれは、〝楽しく〟つくってるの？ ああ、そうかあ！

小田　ええ、それを目指しております。

大友啓史守護霊　そうだったか！　ああ、なるほど。

小田　はい。

大友啓史守護霊　なるほど、なるほど。

「これは危険な企画《きかく》だねえ」と尻込《しりご》みする大友監督《かんとく》守護霊

小田　幸福の科学も、一九九四年から、三年ごとに一般《いっぱん》公開の映画をつくっております。

大友啓史守護霊　うん、うん。

小田　もう、八本発表しておりまして、今年（二〇一五年）の秋には、九作目となる「UFO学園の秘密」というアニメーション映画を公開いたします。

それから、二〇一六年、来年の春には、実写映画「天使に〝アイム・ファイン〟」も予定しております。

大友啓史守護霊　ああ、そう。ふーん。

小田　そこで、本日は、作品的にも興行《こうぎょう》的にも大成功しておられる大友監督《かんとく》に、その「成功のコツ」を、「映画監督の成功術」というテーマで伺《うかが》っていければ幸いです。

大友啓史守護霊　だいたい、そういうのを出したら、そのあとに〝没落《ぼつらく》〟が始まるんだよね。うん、だいたいね。「借金抱《かか》えて、倒産《とうさん》」とかいうのは、だいたい、そういう本が出たあとなんだよね。一、二年後にそういうことが来るんだよなあ。これは、〝危険な企画《きかく》〟だねえ。

小田　いえいえ。

大友啓史守護霊　そのときは、何か、あの……、彼（甥《おい》の石原）が、骨を拾いに来るのかね？

小田　ああ、はい。もう、お約束いたしますので（会場笑）。

大友啓史守護霊　ええ？

小田　何とか、よろしくお願いいたします。

大友啓史守護霊　「あなたがたが映画で成功した場合の、その後の興行収入の一部を、長らく入院されておられる大友監督に、年金として支給する」とか、まあ、そんなことがあるのかなあ？

石原　いや、献金《けんきん》はできませんけれども、お金に換えられない価値の「真理」をお伝えさせていただければと思っています（会場笑）。

大友啓史守護霊　まあ、信者さんが、うちの映画のファンになってくれるっていうんなら、別に、それはお互《たが》い様だからいいけどね。大きな宗教は、ありがたいけどね。ファンがついてくれたら。

小田　はい。

大友啓史守護霊　私の本が出ることで、「面白《おもしろ》くないと感じても、義務として、教学の一環《いっかん》と思って、みんな出てこなきゃいけない」とかいうなら、それは、お互い悪いことではないけどね。うーん。

小田　いやあ、当会の信者さんにも、大友監督のファンは、たくさんいらっしゃいますので。

大友啓史守護霊　ああ、そうなの。ふうーん。

小田　はい。今日は、よろしくお願いします。

大友啓史守護霊　おかしいなあ。そうかねえ。そうですか。

小田　ええ。

ハリウッドで問われた「作品づくりの姿勢」

小田　最初に、大きく「監督論」について、お伺いしたいのですけれども。

大友啓史守護霊　ありゃあ。

小田　映画監督というのは、やはり、何十人、何百人というスタッフ、キャストを一つにまとめて、一人ひとりの「情熱」だとか、「才能」というものを最大限に引き出して、一つの作品にまとめていくという、「総合芸術の責任者」であると考えております。

大友啓史守護霊　うーん。

小田　監督業として、「ここだけは、絶対に外《はず》してはいけない」「ここだけは、押《お》さえておかなければいけない」という要点等がありましたら、ぜひ教えていただきたいのですけれども。

大友啓史守護霊　それは難しい話だねえ。
　ＮＨＫなんかにいたから、日本にいる場合は、まあ、ＮＨＫの組織の力と信用で、人も集まるし、お金の心配もしなくていいし、役職さえあれば、ちゃんと人は使えるしっていう、楽なところもあって。その〝温室《おんしつ》〟のなかで、いろいろ作品にも携《たずさ》わらせてもらったんだけど。

まあ、昔、「ちょっと映画の勉強に行ってこいよ」と言われて、ハリウッドに行ったことはあるんだけども。そのとき、向こうで「NHK」なんて言ったって、当然ながら誰《だれ》も知らなくて（笑）、まったくNHKの看板は通じない。日本国内とは、まったく違う。

日本なら、そらあ青森《あおもり》だろうと、岩手《いわて》だろうと、「NHKで制作してます」と言ったら、すぐ、じいちゃん、ばあちゃんも話を聞いてくれるけど、ハリウッドじゃ、まったく通じないっていうのを見て。

やっぱりそういうのよりは、もう、「おまえ何がつくりたいんだ」、あるいは、「どんなものを目指しているのか」と。

まあ、そういう、何て言うかなあ。「脚本《きゃくほん》なり、あるいは作品構想なり、自分が追い求めているメインテーマなり、そんなようなものをぶつけてこい」と。

「そしたら、おまえがどんな人間かっていうのが、俺《おれ》たちも分かるから、一緒にやれるかどうかとか、手伝ってやれるかとか、あるいは、参加させられるかとかが分かる。だけど、会社としてのＮＨＫにいたっていうようなことは、全然評価にならない」と。

だから、「『個人として、何がやりたいんか』ということだ」っていうようなことを教わってきたことが、一つ。

大友監督《かんとく》守護霊が指摘《してき》する、欧米《おうべい》映画の意外な特徴《とくちょう》とは？

大友啓史守護霊　もう一つは、まあ、（映像関連の）学校も、ちょっと向こうで行ったんだけどね。意外に、これは、あんたがたの映画にも、たぶんつながることだろうと思うよ。

まあ、西洋のね、アメリカ映画もそうだし、ヨーロッパもそうだろうけど、映画の奥《おく》には、やっぱり、「バイブル（聖書《せいしょ》）の知識」はあるわけよ。だから、神様ということを、いちおう、みんな意識してんだよ。もちろん悪魔《あくま》もあるかもしらんけど、まあ、「天国と地獄《じごく》」「神様と悪魔」は意識している。
そして、そのバイブルで書かれているようなことが、人間世界になると、いったいどんなふうに変わっていって……。

小田　ほお……。

大友啓史守護霊　それが、どこで不都合《ふつごう》が起きて、例えば、犯罪なら犯罪になっていったり、まあ、いろいろな社会問題になったり、いろいろな人間が出てくるのかっていうね。あるいは、スーパーヒーローが必要な理由とかですね。
こういうのは、みんな、背景にそうした、『聖書』を中心とする神の歴史があるんだっていうの？

いちおう、これは、みんなバックボーンにあってね。「エンターテインメント」っていうけど、やっぱり、そういうのがバックボーンにあった上で、やってるわけよ。

だから、そういうハリウッドものも、あっちだって勧善懲悪《かんぜんちょうあく》から抜《ぬ》けてるわけじゃなくて、ヒーローものはすごく優《すぐ》れたものができるし。まあ、悪党が成功するように見えるものがあっても、その「悪の悲しさ」は、必ずどこかに描《えが》かれるようにはなってる。

だから、制作者の頭のなかに、『旧約《きゅうやく》聖書』や『新約《しんやく》聖書』についての知識が、やっぱり流れてはいるわけよ、ちゃんとね。

だけど、日本の場合は、そういうのがないのが、わりあい多いので。そうしたバックボーンとしての、まあ、「正義」だよな。「ジャスティス」の部分が流れてなくて、つくっている。

ただ「チャンバラで斬《き》り合って、人がいっぱい死ねば面白い」っていうだけのエンターテインメントと、やっぱり、「何のために戦ってるのか」っていう、大げさに言えば「哲学《てつがく》」だけど、哲学があるかどうかっていうのは、まあ、大きいわな。

だから、「るろうに剣心《けんしん》」で言やあ、そりゃあ、マンガが原作だから、大人が観《み》るもんじゃないと、最初、第一印象では思うと思うよ。だけど、幕末が終わって、明治維新《いしん》が来て、廃刀令《はいとうれい》が出てる時代に、「まだ、剣豪《けんごう》としての使命が残ってる」と。しかも、「人は斬らない。殺さない」という哲学の下《もと》にいて、しかしながら、剣で新しい時代を……。かつて、人斬りで、「人斬り抜刀斎《ばっとうさい》」といわれて、明治維新の一翼《いちよく》を担《にな》った人間が、廃刀令のなかで今度は、「実際に剣で人を斬ることなく、剣を使って、新時代を守るために戦う」っていう、まあ、哲学だよね？　ひとつの哲学があったわけです。

幕末、維新と、多くの人を殺したけども、それは、「平和な世の中をつくるため、争いのない世の中をつくるためのものだったんだ」ということを、われわれが、やっぱりね……。まあ、明治維新でも、普通《ふつう》の人がいっぱい死んでるわけだけど、「明治に生きた人間は、それを乗り越えて、その哲学を、その後、どう実《じっ》践《せん》していったか」っていう〝続編〟だよな。この部分だし。

まあ、「戦争と平和」をめぐるテーマが、背景にはあるわな。大きくはね。そのテーマが背景にあって、その象徴《しょうちょう》が、〝●逆刃刀《さかばとう》〟みたいなもんで。あれは、ある意味で、日本の自衛隊みたいなもんかもしれませんが（笑）、専守防衛《せんしゅぼうえい》しかできないんだけども、「専守防衛でヒーローが成り立つか」っていうようなもんではあるね。

まあ、何らかの哲学は、背景にはあると思う。

●**逆刃刀**　「るろうに剣心」の主人公である剣の達人・緋村剣心《ひむらけんしん》が、過去に犯した人斬りを戒め、「不殺（ころさず）」の信念を貫くために殺傷力を抑えた特殊な刀。普通の刀とは逆に、峰の側に刃《やいば》が打たれている。

大河《たいが》ドラマ「龍馬伝《りょうまでん》」、映画「るろうに剣心《けんしん》」に込《こ》めた願い

大友啓史守護霊　それから、NHKだったら、「龍馬伝《りょうまでん》」のときは、新しい龍馬像を描きたかったんだけども、福山《ふくやま》（雅治《まさはる》）さんっていう、いいキャスティングができて。若い人に……、まあ、ときどき、ああいうものをやらないとね。みんな、忘れてしまうので。

やっぱり、司馬遼太郎《しばりょうたろう》さんの龍馬像が、影響《えいきょう》としては強いことは強いし、福山さん自身は、どっちかっていったら、歌手のほうが本業に近くて、俳優としては、そんなに本数はやってらっしゃらないんでね。

だから、どこまでやれるか分かんないけど、素人《しろうと》っていうか、まあ、素人じゃないけども、歌手にやらせてしまうところに、何か「新しみ」が出ることもあるし。

彼のコンサートみたいなエネルギーだよな。エネルギーを多くの人に与《あた》えることができる。「龍馬伝」で、「若い人たちにやる気を起こすっていうか、エネルギーを与えることはできないかな」っていうの。そういう、哲学と言やあ哲学だし、願望と言やあ願望だけど、そういうものはあったわね。

まあ、大河《たいが》（ドラマ）で三十パーセント近くを狙《ねら》うとしたら、老人マーケットを狙うのがいちばんなんだけども、あえて若い層を狙って、放《はな》った。

要するに、龍馬に学んで、若い人たちにも、やる気のある……、何て言うか、気概《きがい》ある、「『新しい時代を拓《ひら》いていきたい』っていうような、そういう気概のある人になってもらいたいな」っていう願いが入っている。

小田　そうですか。

大友啓史守護霊　それは、「るろうに剣心」にも、一部、入ってるよ。だから、メッセージとしては、そういうものを出してるわけね。

3 「新しいもの」をつくり出す監督《かんとく》の条件

「成功のコツ」として、大友監督《かんとく》守護霊が最初に挙《あ》げたもの

大友啓史守護霊　で、何だっけ？　あなたは何を聞こうとしたかな？　監督術《かんとくじゅつ》？

ええ……、ヒット？　何？　何？

小田　映画としての「成功のコツ」ですね。

大友啓史守護霊　ああ、コツ。うーん……。（舌打ち）これはねえ、うーん……、まあ、運もあるからなあ。ちょっと分かんないなあ。

やっぱり、「どういう配役に、うまく恵《めぐ》まれるか」っていうところが大きいなあ。

だから、一人、二人、主役級の人たちが当たるか当たらないか。まあ、龍馬《りょうま》の役ではまるのが出るか。緋村剣心《ひむらけんしん》の役ではまる人が、手に入るか入らないか。この当たり外《はず》れは、やっぱりあるから。当たらなかったら、それは作品そのものが成り立たないところがある。

どっちかというと、うーん、「人物論」が先にあるかもしれないね。「この人で、できるか」っていうあたりで、構想は出ることは出るねえ。「この人は、できるか」。

とにかく、「るろうに剣心」で言えば、いわゆる、昔からのチャンバラの流れを引いてるわけだけども、普通《ふつう》の剣豪《けんごう》の試合っていうのは、すごく、ゆっくりと構えて斬《き》り合う。睨《にら》み合って、ゆっくりと斬り合うみたいなのがあるじゃないですか。

それを、西部劇のガンマンレベルの速度、要するに、銃《じゅう》と戦える速度の剣の斬り合いに変えてしまうってことだから。その「スピード感」が、今なら出せるということだし。

でも、それでもCGは使わない。CGを使わずに、その速度感を出してみせるっていうところにトライする。まあ、できる役者は、そんなにはいない。そうとうな運動神経がないかぎりはできないけど、佐藤《さとう》（健《たける》）君っていう、いい人が手に入ったので。

これ、「龍馬伝」の（岡田《おかだ》）以蔵《いぞう》で使った人なんだけどさ。これが頭にあったんで、これでできたっていうところはある。

〈左〉佐藤 健（1989～）
映画「るろうに剣心」（2012年）の台湾公開を記念する舞台挨拶で、大友啓史監督と。

そういう意味で、まだ作品数は少ないので、そんなに多作で、いろんなものを成功させることができるかどうかは分からないけど。まあ、あんたのところも苦労してるんじゃないかとは思うが、やっぱり、主役および準主役的なところで、「どれだけの人が使えるか。そういう人を知ってるか」っていうことは大きいわね。

だから、「龍馬伝」で使った人を、今回も、だいぶ使いましたけど、だいたい気心《きごころ》が知れてると使いやすいし、「このぐらいまで、演技がたぶんできるだろう」っていうところが読めるからね。まあ、そのへんが大きかったかなあ。

異質なものを組み合わせて「新しみ」を生み出す

大友啓史守護霊　特に、剣心役の彼（佐藤健）はさあ、「ブレイクダンス」っていうのかな。いわゆるストリートダンス系の踊《おど》りができる。実は、あれを剣術のなかに組み入れてるからさ。あれが、ものすごく珍《めずら》しく見えると思うんだけど。これは、いわゆる、君らが言うような、「異質なものの結合による発明」だと思うんだよね。

例えば、お尻《しり》で回転しながら斬っていくでしょ?

小田　はあ（笑）。

大友啓史守護霊　それから、片手をつきながら、こう（刀で下から斜《なな》めに斬り上げるしぐさをして）、三十度ぐらいの角度で、バーッと走りながら斬っていくでしょう?

あれは、実は「ダンス」なんだよね。ダンスの一種なんだけども、ダンスとして見れば、「ああ、そういうダンスはある」っていうことは、みんな知ってるんだけど、剣でやるとしたら、「そんな剣術があるだろうか」っていう、ちょっと驚《おどろ》きがあると思うんだよね。

だから、そういう意味での「新しみ」があって、その新しみが、実は、観《み》てる人には分かっていない面があるわな。

もちろん、彼自身の稽古《けいこ》とかも、そうとうやりましたから。スピード感自体は、やっぱり、そうとう練習の賜物《たまもの》でやってるところがある。あのスピードが二分の一に落ちただけでも、もう全然面白《おもしろ》くない作品に、たぶんなってるだろうね。だから、そのへんはあったと思う。「面白さ」っていう意味では、確かにあったとは思うんだけど。

昔の映画も、それなりにする剣術ものは、まあ、面白いものはいっぱいあるんだろうけど、やっぱり、（映画「るろうに剣心」では）「新しみ」を出せたんじゃないかなあというふうには思うんだけどね。

俳優の演技以外に監督《かんとく》が意識するべきもの

大友啓史守護霊　だから、うーん、何て言うかねえ……。まあ、トレンドをつくってるつもりは全然なくて、そういう気持ちも、まったくないんだけど、やっぱり、自分としては、「何か新しいものを付け加えなかったら、つくる意味がない」っていう気持ちはあるねえ。何か付け加えないと。「一作ごとに、何か新しいものを拓《ひら》いていきたい」っていう感じかなあ。

結局ねえ、監《かん》督《とく》の気持ちといっても、俳優とかを大勢《おおぜい》使って、「るろうに剣心」とか、六百人ぐらいもスタッフを使ってやってますから。あと、エキストラを数千人も使ってやってますので。それぐらいの人をまとめてやるのは、それだけでも大変な作業なんだけども、そのスタッフだけを見て、劇団として、〝劇のなかの成功〟だけでいいわけじゃないんですよ。

だから、そういう大勢の人を使いながら、「観客の目が意識できる」っていうことは、すっごい大事なことなんで。「観客にはどう見えてるか」という目で見ながら、それをつくっているっていうところですね。これは、すごく大事なことなんじゃないかな。

やっぱり、そこまで行かない人のほうが多くて、演技だけのほうに……、まあ、その人の演技だけを見てて、それが「観客の目から、どう見えるのか」っていうところが、十分に見えてない人はいると思う。

自分として、監督として「厳しい」とか、「ああしてほしい」「こうしてほしい」っていうのはあっても、監督の言葉が、「監督自身の考えから出ているのか」、あるいは「それを観るであろう、将来の多くの観客の目を通して、監督の言葉が出ているのか」っていうところだよね。このへんに、何か秘密があるような気はするんだけどねえ。どうかなあ……。

いや、分かんない！　私も、みなさんに観ていただいてなんぼの商売だから、ちょっと、それはあんまり言えんけどね。うん。

撮影《さつえい》は〝ジグソーパズル〟をつくっているような感じ

小田　撮影《さつえい》のときにも、大友監督の頭のなかには完成した状態の映像があるのでしょうか。音楽とか、いろんなものが完成した状態で、もうすでに出来上がっているのでしょうか。

大友啓史守護霊　まあ、いろいろなパート別に、いろんな人がチームを組んでつくってるし、アクション監督から、いろんな技術的な部分を助けてくれてる人もいっぱいいるので、「全部、自分でできる」っていうのは間違《まちが》いだけど。

もちろん、脚本《きゃくほん》の段階から全編通しての構想はなければならない。撮影だって、映画をつくってる順番に撮影しているわけではないから、もう、いっぱい前後しながらやってるわけで。「全体の最終的な組み立てがこうなる」っていう、〝ジグソーパズル〟をつくってるような感じで、「撮影の場所はここで、このぐらいの時間でやる」っていうのは、確かに決まるから。

それでやるとすると、その前後が実際は逆になったりする。

例えば、「京都大火《たいか》編」（前編）の最後で、剣心が海に飛び込《こ》むところがあるけども、実は、あのシーンは、「映画の前編・後編を合わせて、最後に撮《と》ったシーンだった」っていうようなことがあるわけよね。

だから、「（海に）飛び込んでないのに、あとのやつ（後編）を全部撮り終わってから、最後に飛び込む」なんていうことがあるわけでしたけど、まあ、そのへんが、頭のなかで構想として入ってなければいけないよね。それに、そこで撮影するときに季節が違ってたり、いろいろするところを何とかしなきゃいけないし。

やっぱり、監督も「時間との戦い」で、「この期間内に、これだけ、ここまで撮り終えられるかどうか」っていうのがある。そのへんの「タイム・マネジメント」みたいなのが、すごくあるわね。

特に、有名な俳優を使うと、みんな忙《いそが》しいから、集めるのは簡単じゃない。（映画「るろうに剣心」の）一作目だって、ロケは四カ月や、そのぐらいかもしんないけども、「実際に、みんなが集まれた」っていえば、ほんと五十日ちょっとぐらいか、そんなもんだったと思うので、集まれないんだよね。

だから、それぞれ来れる日があって、「そのときにつくれる部分はどこか」っていう、そういう〝パーツ〟を当てはめていって、全体ができて、「全体として、それを流したときに、そこでオーケーが出てるかどうか」っていう、そのへんは見えなきゃ駄目《だめ》でしょうね。ええ。

（質問者の小田に）あなたなんかは時系列《じけいれつ》的に撮らないと、撮れないほうなんじゃないの？　どっちかといえば。

小田　ええ、そうです（苦笑）。不器用《ぶきよう》なもんで……。

大友啓史守護霊　エッヘッヘッへ（笑）、そんなふうに見えるね。うん、「逆」には撮れなさそうな気がする。

守護霊が語る「監督業《かんとく》」の厳しさ

松本　大友監督《かんとく》は、ＮＨＫの職員をお辞《や》めになって、監督業をされています。

大友啓史守護霊　うん、うん。

松本　ただ、それを仕事として食べていける人というのは、本当にわずかであるのが現実ですよね。

大友啓史守護霊　あっ、それはおっしゃるとおりだ。

松本　たいへん厳しい世界だと思うんですけども。

大友啓史守護霊　ええ。

松本　そのなかで、監督になって食べていける才能というのは、どのあたりにあるとお考えですか。

大友啓史守護霊　いやあ、一般《いっぱん》的には（監督業は）勧《すす》めないね、やっぱりね（会場笑）。

組織の〝あれ〟で、君らも映画をつくってもいいと思うけど、「宗教法人」っていう枠《わく》を外さないで、そのなかでつくっていくのが〝成功の秘訣《ひけつ》〟です。ここから出て、独立して映画をつくって食っていけると思ったら、やっぱり、間違い。たちまち、〝干《ひ》からびて〟しまうのが普通です。

だから、私だって脅《おど》されましたよ。「監督っていうのは、普通、年収百八十万円ぐらいだ」って言われて。

松本　もっと少ない人もいますよね。

大友啓史守護霊　ええ、まあ。ＮＨＫの職員の平均年収は、一説では、一千七百万円前後とも言われている。これは、下手《へた》したら（監督業は年収が）十分の一になりますよね。

「赤字」っていうのもあるしね。それから、借金しなきゃいけないこともある。個人営業みたいになるので、お金を借りて、興行《こうぎょう》して収入をあげて、会社として利益も出して、次作もつくれる資本金もつくりながら、出演者にちゃんとお金を払《はら》って。まあ、六百人もの〝部隊〟ねえ、それでずっと撮れるわけじゃなくて、休んでるときとか、暇《ひま》なときとか、いっぱいあるので、それに満足してもらえるかどうかだよね。

それを考えると、うーん、いやあ、実に難しいと思うよ。経営的なノウハウも要《い》れば、何だろうね、労使問題の何かを担当……、労働組合をまとめてるか、あるいは、「労働組合を相手にしている総務部長」みたいなところもあって（笑）。いろんな不平不満や事故をいっぱい処理しながら、やっていかなきゃいけない。

監督《かんとく》が兼《か》ね備えるべき二種類の「性格」とは

大友啓史守護霊　今回も、「一人も人が死ななかったから、よかったね」と言われてるぐらい危険なロケが多かったので。

主役の緋村剣心の彼なんかでも、「私のアクションが『みっともなかった』と言われるぐらいだったら、これで、役者を辞《や》めます」っていうぐらいの意気込《いきご》みだったから。

まあ、あれはスタントマン以上ですからね。彼はスタントマン以上にやりますので。スーツアクターみたいなのでも、仮面ライダーっていうか、あんなような仲間みたいなのでも、何種類にも入って、殴《なぐ》ったり、蹴《け》ったりやってたこともあるっていう人ですから。スタントマンを凌駕《りょうが》するぐらい、彼もやってる。

剣心の師匠《ししょう》との練習シーンのところなんかも、かなり荒《あら》っぽくやってるよね。

ほんとケガをするかもしれないような荒っぽいのを、そうとうやってますけども、「本物に見えなきゃ、やる意味がない」っていうような考え方を持ってるんで。

ただ、あれだけ速い動きをしてたら、やっぱり、ケガをすることはあるよね。型通《かたどお》りやってるつもりでも、勢いが乗ってくると頭に当たったり、首に当たったりして、ほんとにケガすることもあるしね。

まあ、伊勢谷《いせや》（友介《ゆうすけ》）さんも、「あんな若いのとやらされて敵《かな》わん」とか、ちょっと言ってたけど、確かに、あの動きについていくのは大変だよな、実際には。「あれ（剣心）の相手するのに、二刀流で戦うのは、たまったもんじゃない」って（伊勢谷さんは）言ってたけど。動きがすごい速いからねえ。

だから、そういう多くの人たちの「才能」と、それから危険なところの「見切り」、「このあたりまでは大丈夫《だいじょうぶ》で、ここはやめとこうか」っていうあたりのところだね。

まあ、突《つ》っ込んでしまうところもあるからね。「ここまでやれーっ！」とかさあ、アクション監督《かんとく》とかが、「水中戦やらしちゃいましょう」なんて、こんなことを言い出したりすることもある。そんなときに、「まあ、まあ、まあ、まあ。このあたりでいいんじゃないか」と。「この戦いでも十分見応《みごた》えあるから、いけるんじゃないか」と、抑《おさ》えるような部分もあるし。

でも、やっぱり、「こっから飛べ！」とかいうような感じの、「屋根の上から飛べ！」みたいな感じのことをやらせる大胆《だいたん》さも要る。「大胆さ」と「細心《さいしん》さ」の両方を持ってないと、監督はできないね。

松本　なるほど。そうすると、そういったマネジメントの面も含《ふく》め、性格においても、「大胆さ」と「細心さ」「繊細《せんさい》さ」とを両方兼《か》ね備えたタイプが、監督に向いているということですね。

大友啓史守護霊　そう、そう、そう。だから、細《こま》かいところが見えない人は、やっぱり、監督には向いてないと思う。

ただ、大勢の人を使って組み立ててるから、「大局」っていうか、全体の、「関《せき》ヶ原《がはら》の戦《いくさ》」を大将として見てるような、そういう面もなければ駄目だね。両方、要る。

「演技のプロ」に演技指導をするコツ

松本　確かに、現場においては、監督はリーダーで、監督の顔色一つ、言葉一つで現場がすべて動きます。

大友啓史守護霊　うん。

松本　やはり、大友監督がおっしゃるように、迂闊《うかつ》に何かを発言することもできないので、おそらく、すべて計算されて語られていると思うのですが。

大友啓史守護霊　そう、そう、そう、そう、そう、そう。それに、全部、自分で演技を指導するわけにはいかないんですよ。やっぱり、みなさん、俳優としてはプロですから。才能を持っていらっしゃるし、「こういうふうに、自分ならやりたい」っていうのがある。

まあ、遠回しにヒントを与《あた》えるとか、「こういうふうにやってくれるといいな」みたいなことを遠回しに言ったり。「本心は、こんなところでしょうね」「この人の役のここでは、たぶん、こんなふうに考えるでしょうね」みたいに投げると、それなりにプロとして考えて、「ははあ。こういうふうに演技したほうがいいんじゃないかな」っていうようなことを考えてやってくれるわけよね。

そのへん、うまくモチベーションを引き出さないといけないわね。

松本　そうしますと、「人の心を読み、なおかつ、人の心を動かす」という技術も必要になりますね。

大友啓史守護霊　うん。そうだね。

「るろうに剣心《けんしん》」は、なぜハリウッド級に見えるのか

大友啓史守護霊　今回、「るろうに剣心《けんしん》」（京都大火編／伝説の最期《さいご》編）で難しかったのは、剣心のね、佐藤君の意見もあったんだけど……。

何て言うか、「スーパーヒーローだけが無茶苦茶《むちゃくちゃ》強くて、脇役《わきやく》は弱い」ってい

うのは、よくあるパターンじゃないですか。「何十人も、バッタバッタと斬って倒《たお》す」っていうの？

まあ、（佐藤君の意見は）「そんなのだけじゃ、やっぱり申し訳ないし、面白くない。それに、（斬られ役は）スターとして先輩《せんぱい》の方々だから、斬られる側の脇役も、そうとう強いっていう感じで演技したい」というあたりだった。

そうなると、「剣心も、必死のところ、ギリギリのところを切り抜《ぬ》けて勝つ」みたいに見せるのは、それは、それなりに難しい。

だけど、「悪役がそれなりに強い」っていうのが、いわゆる〝ハリウッド流〟に見えるところなんだよね。日本の場合、主役がもうやたら強くて、簡単に斬っちゃうんだけど、「悪役もそれなりに強い」っていうのが、あちらのハリウッド級なんですよね、実は。

大友監督守護霊の「クリエイティブ語録」

「何か新しいものを付け加えなかったら、つくる意味がない」っていう気持ちはあるねえ。

4 「若手とベテランを生かし切る」監督《かんとく》業の醍醐味《だいごみ》

「支局でのさまざまな経験」が監督《かんとく》業に活《い》きている

松本　そうしたギリギリのところでの、せめぎ合いの面白《おもしろ》さを出すとか、その見《み》極《きわ》め等については、当然、昨日《きのう》や今日でできるとは思えません。

実際、大友監督《かんとく》も、「一人前になるには十年はかかる」ということを、いろいろなところでおっしゃっているのですけれども、その十年間というのは、いったい、どのような修業《しゅぎょう》といいますか、「どのような訓練をされてきたのか」というあたりの秘訣《ひけつ》を教えていただければと思います。

大友啓史守護霊　私は岩手《いわて》出身なんですけど、まあ、「東北弁が分かる」ということで（笑）（会場笑）、NHKの秋田《あきた》支局に放り込《こ》まれたわけです。で、田舎《いなか》の支局の悪いところでもあるし、いいところでもあるのは、そんなにカッチリとしてないところなので。もう、「何でも屋」みたいな感じで、「とにかく、やれや」というように、「これ、やれ」とか、「あれ、やれ」とか言われて、ポイッと投げられて、やらされるみたいなところがあったのでね。

まあ、大きな会社で言えば、子会社だよな。子会社でやると、いろいろなことの全部が見えるようなところがあるじゃないですか。

だけど、本社にいたら、やっぱり、細分化した細《こま》かい仕事しか分からないでしょ？　そういうところがあるので、まあ、支局でやって、いろいろなものに挑戦《ちょうせん》しました。ドキュメンタリーから、いろんな番組にまで挑戦したので、「そういうのをつくってきた」という積み重ねがあったと思うんです。

そういう意味では、いきなり何百人ものスタッフを使ったり、何千人ものエキストラを使っての映画をつくるのは、それは難しいことだと思うけども、まあ、小さないろいろな作品経験の積み重ねが、やっぱり活《い》きてくる面はあるのかなあと思う。

「使える俳優の範囲《はんい》」は監督《かんとく》の力量に応じて決まる

大友啓史守護霊　いやあ、私あたりの年齢《ねんれい》でも、「もっと年上の大スターみたいな方を使えるか」っていったら、それはそれなりに扱《あつか》いが難しいですよ。「『六十代、七十代、八十代のかつての大スターで、今もスター』っていうような方を簡単に使えるか」っていったら、やっぱり使いにくいので、そのへんは若手の起用が多いことは事実だよね。

年齢が、ちょっと若いほうが使いやすいので、二十代ぐらいの人が中心的に動く映画をつくると、つくりやすいことはつくりやすい。

無理を言えるからね。「やってくれるかい?」って言ったら、「はい」ってやってくれるけど（笑）、やっぱり、向こうもそこそこの年齢になると、そう言いにくい。

あのへんのねえ、「龍馬《りょうま》さん」じゃなくて……、今回は違《ちが》う、剣心《けんしん》の先生・師《し》匠《しょう》役だった福山《ふくやま》（雅治《まさはる》）さんなんかでも、やっぱり歌手でもあるしね。ケガをさせてもいかんからさあ、（剣が）当たっちゃって、ねえ?

剣心の剣が当たっちゃったりして、なんか目でも切れたりしたら……、こう（自分の右目を縦《たて》に斬《き》るしぐさをする）、こんなところでも切れたりしたら、もう歌手として、しばらく活動できなくなるからね。まあ、そのへん、とっても気を遣《つか》うよね。

だから、そのへんはあるんだけど。でも、みんながそれなりの真剣味でやってくれたけどね。

まあ、やっぱり年齢相応《そうおう》の使える範囲《はんい》はあるので、若いうちは、下役から、だんだん人を使えるようになっていって、キャリアや経験で実績ができてきて、「あの人が監督《かんとく》だと成功する」っていう、みんなの感じが、信頼感《しんらいかん》が出てくれば、経験豊富な俳優でもやってくれるっていうか、こちらの希望を受けて聞いてくれるけど。監督の力が弱いと見たら、やっぱり、そういうベテラン俳優になってくると、「自分がやりたい演技」っていうのがあって、こだわるから、こちらで頼《たの》んでも、なかなか首を縦に振《ふ》ってくれない。

このへんは、やっぱり力関係があるわね。「使える俳優の範囲がどこまであるか」っていうね。

大友監督《かんとく》が十七歳《さい》の武井咲《たけいえみ》を起用したわけ

大友啓史守護霊　（武井《たけい》）咲《えみ》ちゃんとかも、おたく様で評価を上げてくれて、もう本当にありがたいですけども（前掲《ぜんけい》『時間よ、止まれ。──女優・武井咲とその時代──』参照）、一回目の「るろうに剣心」に出たときは、十七歳《さい》ですからね。十七歳の人にヒロイン役をやらせたわけですから、「何したら、いいんですか？」って言うね。

まあ、「とりあえず、道場の女師範代《しはんだい》（の役）だから、竹刀《しない》を振れ」という乱暴な言い方をしたんだけど、とにかく竹刀を振って振って、一生懸命《いっしょうけんめい》やっておりました。「あとは一緒《いっしょ》だ」っていうあれだったけどね。

武井 咲（1993～）
映画「るろうに剣心」シリーズでは、神谷《かみや》活心《かっしん》流の師範代・神谷薫《かおる》を好演した。

まあ、若い人は、そういう意味では本当に純粋《じゅんすい》だからね。一生懸命は、やってくれるので、「自分の持ち味でやれるだけのことを、もうとりあえず、やってもらう」っていうことかな。

だけど、たぶん若い人を使いたがる理由は、やっぱり「自分自身がクリエイターでありたいから」だろうね。そういうところはある。

まあ、ある程度、出来上がった俳優になったら、演技の仕方が見えているところがある。「必ず、こういうふうに、この人ならやるだろうなあ」っていうところはあるね。

「ベテランに脇役《わきやく》を上手に演じてもらう」のは大変なこと

大友啓史守護霊　でも、幅《はば》もあるよ。伊勢谷《いせや》（友介《ゆうすけ》）さんみたいな人ね。今は「花燃《はなも》ゆ」（ＮＨＫ大河《たいが》ドラマ）で松陰《しょういん》をやってるけど、「吉田《よしだ》松陰もやるけど、白洲次郎《しらすじろう》もやるし、お庭番の頭領《とうりょう》（「るろうに剣心」の四乃森蒼紫《しのもりあおし》）もやる」っていう、何でもやる人で、芸の幅はけっこう広い。たいへん、私も尊敬してる俳優です。

こういう、そうというろいろな役・演技がこなせる俳優としてのキャリアから見れば、それは佐藤《さとう》君なんかよりも、ずっとベテランですよね。「ずっとベテランの人に脇役《わきやく》をやってもらう。あるいは、負け役をやってもらう」っていうのは、それなりに大変なことだよね。

それから、咲ちゃんにヒロインをやってもらう。まあ、清純で一生懸命やってくれるけども、そんなに、いろいろな演技の経験をしてるわけではありませんか。やっぱり、彼女のほうが主役級ではあるんだけども、彼女よりも演技としてはベテランの蒼井優《あおいゆう》みたいな人に、それよりもちょっと脇役の演技をやってもらう。このあたりのところの難しさはあるね。

簡単に、蒼井優のほうが演技がうまいように見えてしまったら、まずいわけよ。生一本《きいっぽん》で一生懸命やってるだけの人が、ヒロインに見えるようでなきゃいけないわけなので、「名演技でもいいんだけど、脇役に上手《じょうず》に入ってもらわなければいけない」っていう難しさは、やっぱりあるわな。

だから、そういう、監督《かんとく》全体としての調整業みたいなのもあるから、ある意味では、〝内閣総理大臣〟のような気もするなあ。

なんか、いろいろな閣僚《かくりょう》に命じて、各省庁のなかでの行政をやってるような。「この人でやれるかどうか、全体をやれるか」っていう、なんか、そんな感じも……。

松本　確かに似ていますね、そういうところは。

大友啓史守護霊　ああ、ああ。

松本　メインスタッフをはじめ、撮影部とか、制作部とか、いろいろな部署《ぶしょ》で、大勢《おおぜい》の方が映画製作にかかわるわけですが、「それをトータルで見ていて、全体をいちばん生かす方向で引っ張っていく」という……。

大友啓史守護霊　そう、そう。

若手の才能を伸《の》ばし、ベテランを説得するコツ

大友啓史守護霊　（前回の「るろうに剣心」の）撮影時は、佐藤健《たける》君で二十三歳ぐらいだったと思うけど、（今回）神木隆之介《かみきりゅうのすけ》君は、二十一歳ぐらいですからね。そのへんで、「あの役（剣士・瀬田宗次郎《せたそうじろう》役）をやりたい」と、自分で役づくり

のために一生懸命、殺陣《たて》の練習をやってた方ですから。

あの人も、すごく難しい役をやれる。天才子役《こやく》で上がってきているので、なかなか難しい役どころですけども、おそらく、あの映画をステップにして、また活躍《かつやく》されていくと思います。まあ、将来的には、そうとう、いろいろな役を演じる性格俳優になるだろうなと思うけどね。

そうした若い人の才能をできるだけ引き伸《の》ばして使おうとはしていますね。

松本　そうやって、「人の才能を見抜《みぬ》き、引き出して、結果として、その作品を成功させていく」という、そのあたりの能力が、監督としては必要なわけですね。

大友啓史守護霊　うーん。だから、まあ、ベテランもいなきゃ作品は成り立たないけど、そのベテランに、ある程度、若い人を主力《しゅりょく》にすることを納得《なっとく》させるだけの「説得力」は必要だし、あと、それを「作品の構想として理解させる」ことが大事だしね。

今回（「るろうに剣心 京都大火《たいか》編／伝説の最期《さいご》編」）の場合は、だいたい、「スピード感」っていうのを非常に大事にしてたから、「スピード感を大事にしてるがゆえに、若い人が主役なんだ」という言い方をすれば、だいたい分かる。まあ、それは分かってくれるので。「ああ、それはそうでしょうね。ああいう動きは、ちょっとできませんから」っていうことで、それは分かってくれるので、スピード感はね。

そういう意味では、主役をやっている人とかは、若くて実績が十分じゃない分、必死でやってますからね。本当に必死で、命懸《いのちが》けでやってますから、そうした真剣さがやっぱり出てると思うんですよ。

だから、「役をやってる」っていう感じはないですよね。撮影のあれを見てても、本人そのものになり切って、もうやってます。「斬るか、斬られるか」みたいなつもりでやってるから、その真剣さを若い人から引っ張り出してくる。

「監督冥利《かんとくみょうり》に尽《つ》きる」映画製作とは

大友啓史守護霊　そういう意味で、あなたがたが映画をつくるにしても、若い人を使っても、まあできると思うんですよ。そのよさを最大限に引っ張り出して、そして、難しい役を、ある程度、経験のある人に上手に固めてもらって、納得してもらいながらやっていく。

そうすると、若い人は素材が柔《やわ》らかいので、こちらが言うように、だいたい役になり切ってくれますのでね。

あまり強い個性を持ちすぎてるベテラン、超《ちょう》ベテランを使って、〝その人流〟になっちゃう映画をやられると、言ってもきいてくれませんわね？

例えば、もう亡《な》くなられたけど、「高倉健《たかくらけん》さんを主役にした映画を、今、私につくれ」って言われたって、そりゃあ、言うことをきいてくれないと思うんですよ。「高倉健」は「高倉健」で、それは、もうイメージは変えられないですからね。

それは、「斬られ役で死んでくれ。そこで死んでくれ」って言ったって、「そうはいくかい」って言うと思う。「もうちょっと派手《はで》な立ち回りじゃないと納得がいかん」とか（笑）、やっぱり、それは言われるとは思う。

そういう意味で、言うことをきいてもらうために、若い人を使うけどね。

だから、あなたがたが映画をつくるときに言いたいのは、「大きな映画だから、きちんとした、活躍してる第一線級の人を持ってこなければ、映画が成り立たない」っていうように考えるのなら、それは、やっぱり甘《あま》いと思うな。

それは、イージーなやり方だと思うよ。例えば、「大会社に入れば社会的に偉《えら》くなる」っていうぐらいの考え方に近いね。

「すでに成功した俳優を使えば、映画がうまくいく」っていうのは、彼らに任せてのものだけども、やっぱり、「まだ未知の力を引き出して、それを合わせて、どういうものを全体的につくり上げていくか」っていうところが監督《かんとく》の力だし。

そうした、まだあまり有名ではない人で一流の作品をつくることができれば、それは「監督の醍醐味《だいごみ》」っていうか、「監督冥利《みょうり》に尽《つ》きる」ことになるんじゃないかな。

「未完の大器《たいき》をスターに育てる」大友監督《かんとく》流〝産婆術《さんばじゅつ》〟とは

大友啓史守護霊　福山さんなんかも、そりゃあ、歌手としても頑張《がんば》ってるし、芸能界でもそこそこの地位を築きつつあるところだと思うけど、いちおう「歌手だ」と思ってるところがあるから、俳優として見たら、自分を「一流の俳優」とは思ってないわけよ。

だから、使えるんだよね。本人は、俳優としては「一流」と思ってなくて、「たまにやる」と思ってるからね。頼まれて、「たまにやってる」ぐらいに思ってるから、こちらの言うことをきいてくれる。よくきいてくれる。

「龍馬伝」に使ったときも、「坂本《さかもと》龍馬っていう人はどんな人だろうかな」と想像したときに、結局、「人の意見をよくきいてくれる人だったんじゃないかな」という感じはあったんで。イメージ的にね。

そういう龍馬のイメージはあったので、福山さんに、「そういうイメージを出してくれ」とお願いしたら、やってくれる。情熱を出すのは彼はうまいですから、もともとね。まあ、そんな感じかな。

だから、どちらかというと、どうだろう。河原《かわら》にてキラキラと光っているようなものを探し出して、集めてるような感じかな。

剣心の役（の佐藤健君）は、前回の「龍馬伝」では、（岡田《おかだ》）以蔵《いぞう》役、「人斬り以蔵」だけど、そのなかで彼のキラッと光った部分、「処刑《しょけい》される前のちょっとした笑い顔とか、そういうものが、とても素敵《すてき》だった」というような感じを活《い》かして、「剣が使えて、斬れる」っていうのをやるとどうなるか、みたいなね。「そういうところを見いだしてゆく」っていうかな。

だから、監督業の一つは、「もうすでに、絶対成功するのが確実なメンバーでする」っていうのもあるけれども、「未完の大器《たいき》」を発掘《はっくつ》して、それらに役を与《あた》えて〝化《ば》けさせる〟っていうか、それをさらにスターに育て上げて〝化け〟させたら、やっぱり、それは〝産婆術《さんばじゅつ》〟だね？

これができたら、それもやっぱり監督《かんとく》としての力量《りきりょう》に入るんじゃないかね。

松本　そうした「俳優の魅力《みりょく》的な使い方」ということも、監督としての大きな能力の一つなのですね。

大友監督守護霊の「クリエイティブ語録」

まだあまり有名ではない人で一流の作品をつくることができれば、それは「監督の醍醐味《だいごみ》」っていうか、「監督冥利《みょうり》に尽《つ》きる」ことになるんじゃないかな。

郵便はがき

料金受取人払郵便

赤坂局承認

6467

差出有効期間
平成28年5月
5日まで
(切手不要)

1 0 7 - 8 7 9 0

112

東京都港区赤坂2丁目10－14
幸福の科学出版(株)
愛読者アンケート係 行

フリガナ お名前	男・女	歳
ご住所 〒 都道府県		
お電話 (　　　) －		
e-mail アドレス		
ご職業 ①会社員 ②会社役員 ③経営者 ④公務員 ⑤教員・研究者 ⑥自営業 ⑦主婦 ⑧学生 ⑨パート・アルバイト ⑩他 (　　)		

ご記入いただきました個人情報については、同意なく他の目的で使用することはございません。ご協力ありがとうございました。

愛読者プレゼント☆アンケート

『映画監督の成功術　大友啓史監督のクリエイティブの秘密に迫る』のご購読ありがとうございました。今後の参考とさせていただきますので、下記の質問にお答えください。抽選で幸福の科学出版の書籍・雑誌をプレゼント致します。（発表は発送をもってかえさせていただきます）

1 本書をお読みになったご感想
（なお、ご感想を匿名にて広告等に掲載させていただくことがございます）

2 本書をお求めの理由は何ですか。

①書名にひかれて　②表紙デザインが気に入った　③内容に興味を持った

3 本書をどのようにお知りになりましたか。

①新聞広告を見て［新聞名：　　　　　　　　］
②書店で見て　③人に勧められて　④月刊「ザ・リバティ」
⑤月刊「アー・ユー・ハッピー？」　⑥幸福の科学の小冊子
⑦ラジオ番組「天使のモーニングコール」　⑧幸福の科学出版のホームページ
⑨その他（　　　　　　　　）

4 本書をどちらで購入されましたか。

①書店　②インターネット（サイト名　　　　　　　　）
③その他（　　　　　　　　）

5 今後、弊社発行のメールマガジンをお送りしてもよろしいですか。

はい（e-mailアドレス　　　　　　　　）・いいえ

6 今後、読者モニターとして、お電話等でご意見をお伺いしてもよろしいですか。（謝礼として、図書カード等をお送り致します）

はい・いいえ

弊社より新刊情報、DMを送らせていただきます。新刊情報、DMを希望されない方は右記にチェックをお願いします。　□DMを希望しない

5 監督《かんとく》業で活《い》きている「ジャーナリズムの視点」

「坂本龍馬《さかもとりょうま》は人の話を聞くのが上手な人だ」と感じた理由

松本　今、お話を伺《うかが》っていて少し思ったのですが、例えば、「坂本龍馬《さかもとりょうま》は人の話を聞くのが上手な人だったのではないかと感じた」とおっしゃいましたけれども、史実では、そのように具体的に書いてはいないと思うんです。

大友啓史守護霊　う－ん。

松本　そのように感じられたポイントは、いったい何だったのでしょうか。

大友啓史守護霊　勝海舟《かつかいしゅう》のところに、剣豪《けんごう》の誰《だれ》だっけ、（千葉《ちば》）重太郎《じゅうたろう》さんと二人で行ってるよね。それで、地球儀《ちきゅうぎ》（を見せながらの話）で説得されて、弟子入《でしい》りしちゃうところがあるじゃない？

だから、強いんだろうけど、意外に、「素直に人の意見をきくタイプの人なんじゃないかなあ」っていう感じは、やっぱりイメージとしてはあるね。

「ジャーナリズムの原点」は庶民《しょみん》の声を聞いて伝えること

松本　そのあたりの勘《かん》といいましょうか、「監督《かんとく》として、どういう演技にしていくか」というところは、おそらく、かなり重要なポイントだったと思うんですね。

大友啓史守護霊　うん、うん、うん。

松本　そのような、「こういう人だったのではないか」というつかみ方といいましょうか、そのあたりにつきまして、ノウハウがあるのかどうか分かりませんが、どのようにして、そこは磨《みが》かれているのでしょうか。

大友啓史守護霊　うーん。僕《ぼく》は、よく分かんないんだけどね。君たち、宗教をやってるんだろうから、宗教の生態はそんなによくは知らないんだけども……。君たちは、だいたい説教魔《せっきょうま》でしょ？　一般《いっぱん》的に。「人を捕《つか》まえたら、説教を聞かせて、黙《だま》って聞いとれ」っていうことが多いでしょ？

だから、聞くのは、あんまりそんなに……、まあ、偉《えら》い人の話は当然聞くけど、何て言うの、「一般庶民《しょみん》の意見」とか、「それほどではないと思う人の意見」って、そんなに聞かないんじゃないかなあという感じはするわけ。ちょっとイメージ的にね？

まあ、宗教っていったら、だいたい、そういうふうに、向こう（宗教のほう）から高説《こうせつ》を縷々《るる》賜《たまわ》って、こちらは何も言わずに、「はあ、はあ、はあ」って聞いてるような感じは受けるんだけども。

うーん、本当に偉い人は、政治家でも宗教家でも何でもそうだけど、けっこう普通《ふつう》の人とか、庶民、あるいは、年寄り、若い人、子供、いろいろな人の声を吸い上げる力を持ってるんじゃないかなあっていう感じを持ってるわけ、私自身は。

だから、これは、「ジャーナリズムの原点」かな。

ＮＨＫに入って、ジャーナリストの教育を……、まあ、ジャーナリズム論も別途《べっと》あるんだろうし、これは映画とは別かもしらんけども、ＮＨＫに配属されて、ジャーナリズム論を習うわけだけどね。

そのときに、結局、教わったことはね、「弱者の声を聞け」と、まあ、こういうことでした。ジャーナリズムの原点を一言《ひとこと》で言うと、「弱者の声を聞け」と。だから、秋田《あきた》支局なら秋田支局に配属されて。普通なら、そういう公人《こうじん》っていうか公《おおやけ》の人は、そらあ、当然、記者会見したり、意見発表したりするチャンスがあるじゃないですか。だけど、「そういうのを流すだけじゃあ、ジャーナリズムじゃないんだ。普通は、自分で意見を発表できない、町の人の声、村の人の声、豪雪《ごうせつ》のなかの人の声、いろいろな事件のなかの人の本音や声を聞き集めることだ」と。

やっぱり、政府なり、そうした行政関係者、権力者、実行部隊をやってる、予算を持ってる人たちを動かすのは、その声だからね。その声を伝えることができれば、それが動き始める。行政が動き始めるでしょ？　だけど、その声を伝えなければ動かないですよね？　自分で独自に調査して、やってくれるところもあるけど、遅《おそ》い。

ジャーナリズムの原点は、やっぱり、そうした「声なき声」、普通は、「権力者や地位の高い人には聞こえない声」を拾い集めて伝えること。それが「ジャーナリズムの原点」だっていう。

だから、君らからは、「NHKも左翼《さよく》だ」って言って、ずいぶん攻撃《こうげき》されてるんだと思うけど、そらあ、おっしゃるとおりのところもある（『NHK「幻解！超常ファイル」は本当か――ナビゲーター・栗山千明《くりやまちあき》の守護霊インタビュー――』〔幸福の科学出版刊〕他参照）。

おっしゃるとおりのところもあるけど、教え方として、一般に、そういうふうに、まずは〝新入《しんにゅう》〟っていうか、若い人たちには、「君たちは、普通だったら聞けないような偉い人の話は聞けます。だけど、偉くない人の声をやっぱり反映しなきゃいけないんだ。行政をやるのはNHKの仕事じゃないから、そうした声を吸い上げて、ニュースの一部なり、いろいろな番組の一部に入れて、それを政府とか、知事とか、いろいろな人に悟《さと》ってもらって、（行政を）やってもらう」と。
まあ、「これが仕事なんだ」っていうようなことを、いちおう教わったわけよ。

なぜＮＨＫは「幸福の科学の声」を取り上げないのか

大友啓史守護霊　君らからは、たぶん反論はあるよ。「だけど、そのわりには、宗教の声は全然伝えてくれませんね」（会場笑）、「これは、どういうことですか。おかしいじゃないですか。まったく伝えてくれないんですけど」って、絶対言うよね？

松本　ええ、言います（『ＮＨＫはなぜ幸福実現党の報道をしないのか』〔幸福の科学出版刊〕参照）。

『NHK はなぜ幸福実現党の
報道をしないのか』
（大川隆法 著／幸福の科学出版）

大友啓史守護霊　うーん、絶対言う。

だけど、このへんについては、「不偏不党《ふへんふとう》」とかいう、（壁《かべ》をつくるように右手を上から下に降ろしながら）また別の〝これ〟があって、「特定のものに協力しすぎるのはいかん」というのもあるから。「宗教をやるなら、ほかも全部やらなきゃいけない」ってなって、「それができるか」っていったら、難しい。

だから、できたら、個人でやってるような人、修行者《しゅぎょうしゃ》みたいなのだったら、取材はしやすい。

例えば、回峰行《かいほうぎょう》みたいな、一人で山を歩いてるだけの人みたいなのは伝えても、どうせできないからな、そういう仕事は。ほかに、山をそんなに何十キロも一日に歩きたい人はいないから、別に影響力《えいきょうりょく》が……。「ああ、こんな人がいるんだ」っていう発掘《はっくつ》にはなるけど、それで大教団ができたりは、絶対しないでしょう？　そういう意味で、政治的判断として責められることはないけども。

君らみたいに、すでに大きな教団になってきてるようなところを、一生懸命《いっしょうけんめい》、取り上げて、「NHKスペシャルで一時間半流しました」とかいうと、これは、ほかの教団が嫉妬《しっと》して、妬《や》けて妬けて、もう「受信料を払《はら》わない」って、みんな言い始めるからさあ。

「(電波に)乗せるのなら、みんな一緒《いっしょ》に乗せろ。毎週、別の教団をやれ」となったら、それは、だんだん……。ある教団をやるときは、ほかの教団がみなブーイングを言い始めるからね。

特に、宗教の場合は、一つの教団を扱《あつか》うと、ほかの教団から、嫌《いや》がらせ電話と嫌がらせの手紙がやたら来るっていうようなこともあって、避《さ》けてるところがあるんだけどね。うーん。

大友監督守護霊の「クリエイティブ語録」

本当に偉い人は、庶民、あるいは、年寄り、若い人、子供、いろいろな人の声を吸い上げる力を持ってるんじゃないかなあ。

6 クリエイターとしての監督《かんとく》に求められる「技術」とは

「クリエイター」はいろいろな専門や職業から出てくる

松本　今、大友監督《かんとく》（守護霊）のお話をお伺《うかが》いしていて、監督として成功していくなかで、「ジャーナリスト的な目」を学んでいることが非常に効いているように思いました。

大友啓史守護霊　うん、うん。

松本　そして、先ほど、「内閣総理大臣のような役割」というお話がありましたが、ある種、政治的に人を動かしたり、人を使ったりする面と、ジャーナリスト的な面が、監督としての成功という面と一体になっているような印象を受けます。

今、私《わたくし》どもはＨＳＵ（ハッピー・サイエンス・ユニバーシティ）の未来創造学部で、まさに、そうしたことを一体にして新しい文化をつくっていく人材、例えば、クリエイターや監督をつくろうとしているのですが、そういうところで学ぼうとする学生たちに対して、何かアドバイスがございますでしょうか。

大友啓史守護霊　まあ、はっきり言って、最初から、「生まれつきのクリエイター選別試験」みたいなのがあるわけじゃなくて、実はいろんな〝人種〟から出てくるんだよね。まあ、いろんな専門や職業をやった人のなかから、クリエイターが出てくることがある。

私なんか、どちらかといえば、法学部で司法試験とかを目指してた口で、勉強ができないので安定就職を目指して（ＮＨＫに）入って、そのうちにいろいろ映像をつくることを学んで、こちらのほうにだんだん寄ってきたっていう流れがあるわけなので、決して初志貫徹《しょしかんてつ》してなったわけじゃまったくなくて、だんだん、だんだんに流れが変わってきて、「ああ、こんな才能も自分にあるかも」っていうふうなところが出てきたので。

だから、今、内閣総理大臣の話なんか出したところあたりが、法律や政治とかを勉強したものが出てるのかもしれないけれども（笑）、そうした違《ちが》った面もあっていいんじゃないかね。「社会を違う目で見てた人がクリエイターになっていく」っていう面もあっていいんじゃないかと思う。

「常識・知識・世界への関心」が必要なクリエイターの世界

大友啓史守護霊　だから、映画だけの〝映画バカ〟でも、ほんとは駄目《だめ》です。

例えば、これは映画じゃなくて、ドラマのほうかもしらんけれども、ＮＨＫのドラマなんかつくるのでも、やっぱり、社会派というふうになったら、普通《ふつう》の新聞記者ができるぐらいの知識とか、そういう勉強をしてないといけないわね。

私もつくったけど、「ハゲタカ」（二〇〇七年放送のテレビドラマ、二〇〇九年公開の映画）みたいなものをやるんでも、これはホリエモンの事件あたりとちょうど重《かさ》なって、「新興の企業《きぎょう》が金《かね》の力で、フジテレビを買い取る」なんていうような感じのことが起きてるようなときにつくったドラマだけど。外資にいろいろな日本企業が買収されたりしていくような場合ですね。このへんの現場を描《えが》こうとしたら、社会や金融《きんゆう》、こういうものにも関心を持たなきゃいけない。

まあ、創造の世界、クリエイターの世界っていうのは、やっぱり「いろんな常識、いろんな知識、世界への関心」は持ってなきゃいけないと思うし、何がどこで役に立つかは分からないところがある。

そのうちに、だんだんに自分の長所っていうかなあ。「いちばん適性《てきせい》があるのは、このへんかな」っていうところのほうに流れ着いていくかもしれない。だから、私にも、これから「創造」はまだいろいろあります。もちろん、時代劇物だってできることは、もう見えてはいると思うけど、社会派のものだって、ジャーナリストの経験もあるから、つくろうと思えば、できるような基礎《きそ》もあるし、いろんな社会問題をテーマにしたものだって、つくれるだろうとは思ってはいます。

大友監督《かんとく》が俳優を起用するポイント

小田　俳優の立場から質問させていただきたいのですが、「大友監督《かんとく》が起用したい俳優」になるには、普段《ふだん》、どういう能力や技術、知識を身につけておけばいいのでしょうか。

また、「こういったことを大事にしている俳優だったら、使いたくなる」というものがありましたら、教えていただければと思います。

大友啓史守護霊　うーん……。そうだねえ……。それは作品によって違うから。使える人、使えない人、やっぱり違うから、一概《いちがい》には言えないけど。「この作品だったら」という条件が付くと違ってくるから、一概には言えないんだけど……。とにかく、僕《ぼく》の考え方は、基本的に「長所」を使おうとするところにあるし、「その作品にその人の長所が使えるか」っていうところで考えることは考えるので、何でもいいから、自分の「売り」というか、長所を持ってることが大事だね。

先ほど、言い損《そこ》ねたけど、「るろうに剣心《けんしん》」のなかでは御庭番衆《おにわばんしゅう》の頭《かしら》に恋《こい》した女役●がいるじゃないですか。ねえ？　こっちも御庭番衆の女性だけども、日本女子体育大に入っているすごく運動神経のいい人だから、あの動きそのものを露《ろ》

●「るろうに剣心」の女役　同映画で御庭番衆の一人、巻町操《まきまちみさお》役を演じた、女優・モデルの土屋太鳳《つちやたお》のこと。2010年放送のＮＨＫ大河ドラマ「龍馬伝」では坂本龍馬の姉・乙女役（少女期）を演じている。

骨《こつ》に、ストレートに出されたら、（武井）咲《えみ》ちゃんは、とても敵《かな》わないですから。あちらを主役に立てられたら、それは、とても敵わないですよね。だけど、そうした身体能力の高い人を、どういう範囲《はんい》で使うかっていうことと、いいところを、どういうふうに活《い》かすか……。

やっぱり、これによく似たものとかがあるとしたら、フラワーアレンジメントや生《い》け花《ばな》みたいな感じかなあ。それぞれの花はみんないいんだけど、それを挿《さ》してどのぐらいの長さで配分《はいぶん》したら、きれいに見えるか。これはもう、生け花みたいな感じに見える。それぞれ、いいんですよ。長所がいっぱいあるんだけど、それをどういうふうにアレンジしてみせるか。この芸術はこれに尽《つ》きる。「どんなのを起用したいか」といっても、やっぱり、それは作品に合わせて、長所を起用して、生け花として全体がまとまるかどうかっていう考えになるね。

でも、もし主役級が決まって、それと作品の構想とが出合ってパシンッと〝火花〟が散ったら、もうこれはスタート。始まってるね、はっきり言えば。「この人で、この作品がつくれるんじゃないか」と思ったら、いちおう始まりは始まりだね。

これからあとは、資金、メンバー、スタッフ等を集めて、何が、どうできるかっていう構想になっていくからね。

「私は原石を磨《みが》くぐらいの立場」という今の自己認識

小田　そう思わせる俳優になるためには、どのようにすればいいのですか。

大友啓史守護霊　もうちょっと、年を取れば〝目〟が違ってくる可能性があるし、もっとベテランを荒《あら》っぽく使えるようになるかもしれないので（笑）、今の意見は固定的な意見ではないけども、私はまだ「原石を磨《みが》くぐらいの立場」だと自分では思ってる。

まあ、独立してフリーにはなったけど、まだ、そんな大監督で世界的に有名な監督じゃありませんし、優秀《ゆうしゅう》な俳優をいつもいつも使えないで、たまたま人脈がある人に出てきてもらっているだけなので。

今後、監督としての力が認められて、初めての人が、「作品に出させてください」と言ってこられるようになることを願ってはいますが、基本的には、まだ完全に宝石としてリングにはまって、指の大きさにピシッとはまってる人を求めているわけではないです。

それをするのは、やっぱり、番組というか、そのドラマをつくる人たちみんなの、まあ、制作班の力だと思うので。

小田　はい。ありがとうございます。

大友監督守護霊の「クリエイティブ語録」

僕の考え方は、基本的に「長所」を使おうとするところにある。

7 〝メディア界の神様〟になれる「成功力」とは
番組の評価は、最終的に「視聴率《しちょうりつ》」に表れる

大友啓史守護霊　（石原に）はい。どうぞ、どうぞ。

石原　ありがとうございます。

ただいま、映画をつくる側である監督《かんとく》としての意見をさまざまに頂いたのですが、もう一つ、成功のコツとしまして、「観客にどう見えるか」「観客にどう伝えるか」というところがポイントであると教えていただきました。

大友啓史守護霊　うん、うん、うん、うん。

石原　そのなかで、「未完の大器《たいき》を発掘《はっくつ》する」というお話もありましたけれども、「これがヒットするんだ」「この人は人気が出るんだ」と考えるに当たって、観客目線で面白《おもしろ》いと感じる感性を養い、身につけていくためには、どうすればよいでしょうか。今から、「監督になりたい」「何かを表現する立場の人になりたい」と思っている人たちに対して、何かアドバイスがあればお願いいたします。

大友啓史守護霊　まあ、これも〝NHK教育〟が少し入ってるから、申し訳ないんだけど、やっぱり「視聴率《しちょうりつ》」っていうのはテレビに付きもので（笑）。これは全員の頭から離《はな》れない。取りついて離れないものなので。

やっぱり、番組の評価っていろいろあるけど、最終的に一言《ひとこと》で言えば、視聴率のところに来るわねえ。それは学生の偏差値《へんさち》と一緒《いっしょ》で、「結局、何パーセントだったの?」っていうことになるから。作品として、それぞれのよさはあるんだけど、「で、何パーセントだった?」って最後はなるから。

その「何パーセントだったか」っていう視聴率のところは、結局は、それが、全体から見て、どう見えるかの部分だから、そういうテレビ局のようなところに身を置くこと自体が、「だいたい、どの程度の視聴率が取れるだろうか」っていう〝予想屋〟になるわね。結局、みんな、基本的にそうなるわけよ。「予想に反して、カクッと落ちた」「数パーセントしか取れませんでした」と。大河《たいが》(ドラマ)かなんかだったら、十五パーセントあたりを切るとけっこう危なくなる。でも、三十パーセントを取るのは、そんな簡単じゃない。

それから、松嶋菜々子《まつしまななこ》が四十パーセント以上を取った、(ドラマ)「家政婦のミタ」。あんな、四十パーセントを超《こ》えるような〝お化《ば》け番組〟みたいなのもたまに出るけどね。まあ、ああいうのも続編がつくれないで困っているけど。

なんで、これが四十パーセント以上を取れるかっていったら、それは、なかなか予想はつかない。実際上、まさか、そんなに行くとは思ってなかったと思うよ。だから、「まさか」というのもある。

例えば、キムタクみたいな〝高視聴率男〟で若いころから鳴らした人でも、努力しないで二番煎《せん》じの作品になってくると（視聴率が）ジワジワと下がってくる。このあたりの読みは、実に厳しいところがあるわなあ。

「運」と「人間関係」に恵《めぐ》まれなければ成功はできない

大友啓史守護霊　いや、これが分かれば、ほんとにテレビ界や映画界など、そう

テレビドラマ「家政婦のミタ」
（2011年放送／日本テレビ系）

した〝メディア界の神様〟になれる。結局、視聴率なり観客動員数が全部分かれば。

例えば、「映画でこれをつくった。これは何人ぐらい動員できます」とか、「興行《こうぎょう》収入は幾《いく》らぐらい出ます」とか、あるいは、「このままで視聴率何パーセント出ます」ってドンピシャ当たるようになったら、もうプロフェッショナル中のプロフェッショナルで、その世界の神様ですよ。

だけど、現実、会社だったら、製品をつくって営業部が営業努力をしたり、広告もかけてやるんだろうけども、われわれのほうは目に見えない自然の空気みたいなので、「今まで観《み》ない人が観始《はじ》める」とかいうのが起きるからねえ。

これを分かるか、分からないかっていうのは、やっぱり、その人の持ってる「運」と言うしかないかもしれないし、「嗅覚《きゅうかく》」かもしれないし、結局、その人の「成功力」だし、「幾ら稼《かせ》げる男か」っていうことにかかってくるね。

それに百発百中はないんだよ。それはパチンコで言やあ、「この台が出そうだな」っていうことが分かるかどうかっていうところだよな（笑）。まあ、これは厳しい！　実に厳しいけど。違《ちが》った台に座《すわ》ったら、時間の無駄《むだ》、金の無駄になるよなあ。

そういう意味では、「運」と「人間関係」に恵《めぐ》まれなきゃいけないので、難しいわなあ。うーん。

石原　なるほど。はい。

8 「ハリウッド進出を狙《ねら》っているのか?」大友監督《かんとく》の本心に迫《せま》る

「ハリウッド」が強大な力を持っている理由

松本　大友監督《かんとく》の今後のことについても、少しお伺《うかが》いしたいのですけれども。

大友啓史守護霊　今後?　それはきつい。

松本　三十一歳《さい》から二年間、ハリウッドに行かれましたよね?　そこでいろいろなことをずいぶん学ばれたわけですが、おそらく、そのときに、「ハリウッドでも勝負したい」と思われたのではないかと推測します。
今後、ハリウッドのほうにも攻《せ》めていくなどの世界展開をお考えであるのであれば、実は、私《わたくし》たちも今、それにチャレンジしている最中でございまして……（アニメ映画「神秘の法」が二〇一三年に第四十六回ヒューストン国際映画祭において「スペシャル・ジュリー・アワード」を受賞した）。

大友啓史守護霊　ああ、そうですか。じゃあ、私は後進《こうしん》の分際《ぶんざい》なので、ちょっと分からないんですが。ああ、そうですか。ハリウッドね？

松本　（笑）はい。どのへんに勝機《しょうき》があるとご覧になっているのか、ヒントを頂ければと思います。

大友啓史守護霊　うーん……。まあ、あちらのプライドはすごいからね。もうプライドの塊《かたまり》だからねえ。そりゃあ、プライドの塊ではあるんだけども。でも、源流には、けっこう、日本の黒澤《くろさわ》映画あたりから、影響《えいきょう》を受けた監督なんかいっぱいいいたからね。あれが西部劇から、それからスーパーヒーロー物や、いろんなものが、今でも……。

松本　「スター・ウォーズ」もそうですよね。

大友啓史守護霊　ねえ？　全部、戦いのヒントになってる。だから、あちらのハリウッドの監督を育てた部分のもとが、こっちにもないわけじゃない。そういう意味で、時代とか、国籍《こくせき》が違《ちが》っても、影響を受けるものもある。

あと、インド映画があっても、日本には滅多《めった》にかからないだろうし、アメリカに行くのも少ないですし、アフリカにも映画はありますけど、なかなか……。それから、ヨーロッパの映画でも、いろんなフランス映画やイタリア映画があるけど、日本でもかかるのは少ないでしょ？

やっぱり、そりゃあ、あちら（ハリウッド）が強大な力を持ってることは事実ですよ。〝第七艦隊《かんたい》〟と同じような力を、たぶん持っていると思います。

ハリウッドの強さは、やっぱり、「映画の持ってるマーケットが大きい」っていうことでしょうね。

だから、「成功すれば、世界シェアをかなり取れる」っていうのが見える。「この監督で、このテーマで、この台本で、主役のキャスティングがこれだったら、興行《こうぎょう》収入がこれぐらいまで取れる」っていうのが読めるから、予算の段階で、百億、二百億、三百億とかけていく大作が可能になってるのは、やっぱりうらやましい。日本映画っていうのは、だいたい五億を超《こ》えたら大作といわれてますけどね。五億で大作なんですけど。

やっぱり、（ハリウッドは）世界に出せるから、ものすごい予算が組めるし、また俳優もキラ星のごとくいるからねえ。それを使えるっていうし、アメリカ以外からも俳優を使えるからね。この強さはあるわねえ。

ハリウッドに対しては「日本的なもの」で差別化して攻《せ》める

大友啓史守護霊　だから、最初は、「日本的なもの」で、向こうでつくれないもので差別化して、その〝隙間《すきま》〟で攻《せ》めていかなきゃ無理だなあとは思う。

今回の剣豪《けんごう》物だって、あちらではつくれないからね。やっぱり、あちらではつくれないので、そのへんから攻めていって、国際舞台《ぶたい》を使っての社会派のものなんかだったら、もしかしたら、もう一段行けるかなとは思う。

ただ、監督としてはまだ若いんだけど、ハリウッドを席巻《せっけん》するところまで行けるかどうかといえば、正直言って、その前に年を取って駄目《だめ》になるかなあ。そこまでの才能はないかもしれないかなあ。

松本　たいへん謙遜《けんそん》しておられます。

大友啓史守護霊　ＮＨＫが長すぎたかも。それは、もうちょっと早くやらないと。もうちょっと早く映画に身を投じてリスクを……。

ハリウッドを経験して帰ったあたりから、（映画に）かかってれば、もしかしたら、時間が間に合ったかもしれないけど、少しだけ間に合わないような感じがしてる。

9 大友監督《かんとく》の霊的《れいてき》背景を探《さぐ》る

過去世《かこぜ》で「儒学者《じゅがくしゃ》」をしていたと語る大友監督《かんとく》守護霊

松本　守護霊様はたいへん慎重《しんちょう》にご覧になっていますが、今、語られている守護霊様ご本人についてお伺《うかが》いします。

日ごろは、霊界《れいかい》でどのような方々とお付き合いをされているのでしょうか。

大友啓史守護霊　うーん、日ごろ？　「日ごろ、どういうところでお付き合いしてますか」っていうことですか。日ごろ……。

松本　私《わたくし》たちが知っているような霊人《れいじん》の方はいらっしゃいますか。

大友啓史守護霊　まあ、あの世とかがあって、霊がいるっていうぐらいの感じのイメージは、（地上の）本人のほうも持ってはいるけど、ずーっと深く分かってるほどではないので。

まあ、あなたがたのお友達は、宗教家のお友達が多いんでしょうけどね。そちらのほうに、ずっと縁《えん》が深いというほどまではいかないとは思う。

まあ、どっちかというと、何だろうかねえ……。うーん、どっちかというと、今の仕事とはだいぶ違《ちが》うかもしれないなあ。今の仕事とはだいぶ違って、儒学者《じゅがくしゃ》みたいな感じのことをやっていたので、勉強のほうなんですよね（笑）。

松本　守護霊様ご自身は、地上におられたときには儒学者でいらっしゃったのですか。

大友啓史守護霊　そうそう、そうそうそう。儒学者だったので(笑)。だから、ちょっと恥《は》ずかしいんですけど、昔は映画がなかったもんで。儒学者なんです。

松本　はあ。

大友啓史守護霊　いちおう、「知識」がベースになってるので、仕事には。やっぱり、勉強しないと、いろんなものがつくれないのでね。

日本においては江戸時代に儒学が盛んになり、数多くの優れた儒学者が輩出された。(写真:東京・湯島《ゆしま》聖堂の孔子廟《びょう》と孔子像)

まあ、そういう意味での、知的関心、好奇心《こうきしん》はあるねえ。

松本　もし、よろしければ、お名前を……。

大友啓史守護霊　いや（苦笑）。それは、もう、語るほどの者では……。儒学者で、そんなに立派な名前があったらね、もう、みんなで酒を飲んで、打ち上げばっかりで、焼き肉パーティーをやってるような（机を一回叩《たた》く）、そんな仕事はできませんよ、あんた（会場笑）。

松本　いやいや、本当に（笑）。

大友啓史守護霊　それは、〝やさぐれ儒学者〟だからこそできるんであって、そらあね、駄目《だめ》です。〝くされ儒者《じゅしゃ》〟ですよ、それは(会場笑)。当然でしょ? だから、名を連《つら》ねていたというか、ちょっと、どっか、筵《むしろ》の端《はし》っこに座《すわ》ってたぐらいのもんですよ。

過去世《かこぜ》でイタリアに生まれたときの職業とは

松本　それ以外の過去世《かこぜ》ですと、やはり、日本が多いのでしょうか。

大友啓史守護霊　いや、そんなことはないですよ。

松本　例えば?

大友啓史守護霊　そんなことはないですよ。だから、やっぱり、ちょっと、イタリアのへんに〝あれ〟したような気がする。

松本　イタリア?

大友啓史守護霊　うん、うん。

松本　それは、やはり、芸術系でしょうか。

大友啓史守護霊　うーん、なんか、パーティーみたいなのが好きだったような気が……。

松本　ああ。

大友啓史守護霊　うん。みんなが集まって、パーティーするようなのが好きだったような感じがする。

松本　どの時代でしょう？

大友啓史守護霊　パーティーの「演出」みたいなのをやってたのかなあ（笑）。なんか、知らんけど、司会業かな？　分からないけど、パーティーみたいなのを、よくやってるんです。酒が……、ワインが出て、食べ物が出て。

小田　フィレンツェのほうですか。

大友啓史守護霊　そんな感じかなあ。なんか知らんけど、ちょっと、パーティーみたいなのを……。結婚式《けっこんしき》かもしれないし、ほかのものかもしれないし、司会か演出かも、よく分からないけど、いろんなところで、みんなを盛り上げるのをやってたような気がする。

松本　そういう宴《うたげ》を演出されていたのですね。

大友啓史守護霊　うーん。そんな仕事かなあ。

松本　そういう意味では、そのあたりが、監《かん》

西洋芸術の都、イタリア・フィレンツェ（下：大聖堂付近）

中世から近世にかけて、ヨーロッパ各地で「サロン文化」が盛り上がった。当時、宴の演出を手がける総合監督的役割の「スカルコ」がいた。（上：プロイセン・フリードリヒ２世の音楽会）

督《とく》的な仕事ではありますよね。

大友啓史守護霊　まあ、そうだねえ。残念だけど、「世界的な音楽家」とか、あるいは「モーツァルトだ」とか言うことはできないので（笑）。

嘘《うそ》は言えないから、やっぱり、そういうことは言えないけど、まあ、でも、何かそうした、歌があったり、踊《おど》りがあったりするような世界のなかで、みんなが食事してて、その宴を盛り上げるような、そんな場を取り仕切ったり、演出したりするようなことはやってたと思います。

10 ヒット作を生み出す大友監督《かんとく》の〝企業秘密《きぎょう》〟

自分の仕事に必要な当たり前の勉強を、当たり前にしているか

小田　本日は、本当にありがとうございました。

大友啓史守護霊　参考になったかなあ？

小田　ええ。たくさん勉強になりました。ありがとうございます。

大友啓史守護霊　（石原を指して）君、これで、〝出演料〟はもらえるの？

松本　出演料……（苦笑）。

石原　すみません。なかなか質問できなくて……。

大友啓史守護霊　これで下げられて、（質問者となる機会は）永遠に終わり？

石原　（苦笑）また、自分の努力で……。

大友啓史守護霊　何か一言《ひとこと》ぐらい、いいことを言わないと、もう二度とないよ。永遠にないかもよ。

石原　はい。では、少し話を戻《もど》してしまうのですが、過去世《かこぜ》のお話とかを聞いていましても、「芸術系」と「儒学系《じゅがくけい》」ということでしたので、やはり、本当に勉強をしていかないと、一流の表現も生まれないですし、人に、「やっぱり面白《おもしろ》いな」というように思ってもいただけないと思うのです。

大友啓史守護霊　困ったな。

石原　私《わたくし》自身、親類ではありますが、大友監督《かんとく》と直接お話しさせていただくときにも、やはり、訊《き》きにくいところがありまして、「どのように勉強をして、映画に取り組まれているのか」という、そういう仕事の……。

大友啓史守護霊　ああ。そういう〝企業《きぎょう》秘密〟は、どこにだってあるでしょ？

石原　（笑）そこを、ぜひ、聞かせていただきたいなと思っておりまして。ヒット作を数々生み出されていくなかで、どのように勉強をし、また、演出をされていったのでしょうか。先ほど、「客の目から見て『面白い』と思われる感性を養うのは、なかなか難しい」というお話もありましたが、ご自身は、どのように努力されてきたかについてのお話を、ぜひ、お願いできればと思います。

大友啓史守護霊　まあ、まず、現代においてはね、それは、映画であろうとドラマであろうと一緒《いっしょ》ですけども、やっぱり、「知識」、あるいは、「情報」がベースになっていることは事実なので、人間としてやれる勉強の部分、「その業界で生き延びるためにしなきゃいけない部分の勉強をやっているか」っていうことは、当然のことだわな。

だから、ニュース業界に生き残るには、ニュースの勉強が要《い》るし、映画業界だったら、映画の勉強として、「日ごろから、いろんな映画化が可能な本を、ちゃんと読んでいるか」とか、「ほかの人がつくった作品とかを、ちゃんと観《み》ているか」とか。

まあ、そういう、その仕事にとって必要な勉強、当たり前の勉強を、当たり前にしておくことが、一つだよな。これは間違《まちが》いない。これが平均以下だったら、成功することはまずないでしょう。

活字や映像になっていない「第一次情報」を集める努力を

大友啓史守護霊　だけど、それ以外に関してはですね……。まあ、ちょっと、これは、ＮＨＫで飯《めし》を食ってたことが影響《えいきょう》してるのかもしらんけども、そうした書物に書かれてないもの、まだ活字になってない、まだ映像にされていない、要するに、「新聞や本やテレビ、映画を通しては得られない情報」っていうのがある。それは、自分が直接に体験して得る、「第一次情報」ですね。

いわゆる、取材する側だったら、まず、マイク一本を持っていって得る、「第一次情報」の部分です。街角《まちかど》に出たり、地方に出たり、旅をしたり、いろんな人と出会ったりして、いろんな人の話を聞いて得られるものがある。これが「第一次情報」ね。

だから、（自分の作品に）出演した俳優さんとかと話をするけど、そういう話をしている間とか、いろんなところの合間に、みんなが、ちょこちょこと自分の話をしたり、ほかのドラマに出たときの話とか、ほかの監督の話とか、ほかの人のところをどう思ってるとか、いろんな意見が、幕間《まくあい》にちらちらと出てきたりするからね。そういうものを「第一次情報」にするけど、やっぱり、「取材力」は要ると思うんですよ。

そこで「取材してる」と思わせちゃいけない。取材してると思われたら、もちろん向こうだって緊張《きんちょう》して言わなくなるけど、「これは仕事じゃない」と思ってるから、安心して、焼き肉を食べながらしゃべったり、ビールを飲みながらしゃべったりする。そういうことのなかに、この業界のいろんな人の才能や、あるいは、工夫《くふう》、コツの片鱗《へんりん》が見えてくる。

それから、そうした雑談をしたり、会ったりしてるうちに、「今、この役柄《やくがら》で使ってる、この人」の可能性として、「ああ、この人は、こういうところに関心を持ってるんだったら、もしかしたら、こんな役でもできるかもしれない」みたいなのが見えてくるわけよね。

そういう意味で、「当たり前のことを当たり前に勉強する」っていう意味での努力は、絶対に必要です。これをやらなかったら、作品をつくり続けるなんてことは、絶対に無理だと思います。だから、これは、やらなきゃいけない。絶対にやらなきゃいけない。

まあ、これは、ここ（幸福の科学）でやってるのと、たぶん一緒でしょ。

それで、違いがあるとしたら、（自分は）「第一次情報」のところを、もうちょっと、なるべく取るようにしています。やっぱり、「いろんなところで、直接、体験してみる」っていうの？　食べ物屋でもいいし、スポーツを観にいってもいいし、やってもいい。

ドラマ性のない世界のなかに、〝もう一つのドラマ〟を見抜《みぬ》く

大友啓史守護霊　それから、話したこともあるんだけど、例えば、秋田《あきた》にいたときは……、まあ、田舎《いなか》なんていうのは、本当は、そんなドラマなんか何もないじゃない。はっきり言って、田舎のドキュメンタリーなんか、何にも事件がない（笑）。事件なんかないですよ、起こさなければね。

誰《だれ》かに頼《たの》んで、「頼むから、殺人事件を起こしてくれ」って言えば、それは全国放送できますよ。「秋田で人が殺されました」っていうのはできますし、「いっしー（石原）が、秋田犬《けん》の尻尾《しっぽ》を噛《か》み切りました」っていうのでも、全国放送はかかります。

石原　（笑）

大友啓史守護霊　だけど、やっぱり、なかなかそんな感じにはいかないから、普《ふ》通《つう》の、平凡《へいぼん》なことですよ。平凡なことしかないので、実際は、平凡な世界のなかでつくれるドラマはないし、普通はね、「ドラマ性を発見しないと、やっぱり、ものにならない」って言うんだけど、「ドラマ性のない世界のなかに、〝もう一つのドラマ〟を見抜《みぬ》く」っていうかなあ。

この平凡な日常生活のなかに潜《ひそ》んでいる、人間の、「ええっ！」っていう、まだ「未発見の部分」っていうかな。「ああ、本当は、これはすごいことだったんだ」っていうことに、初めて気づくっていうことがあるんですよ。そこに住んでたら、「それはすごいことだ」なんて、全然、思わないんです。「そう思わないことが、実は、すごいことなんだ」って。

例えば、「雪が降るところの交差点で、おまわりさんをやっていること」なんていうのは、別に、風景の一点でしかないでしょう？

ただ、「そのおまわりさんが、雪のなかで立ち尽《つ》くして、どうやって事故を起こさないようにやっているか」っていうのを、じーっと丹念《たんねん》に、取材なり観察なりし続けていったら、実は、思わぬところに、ある意味、「ある種の感動」が隠《かく》れてる面はあるわけですよ。

こうした、雪のなかで交通整理をしているようなおまわりさんの生き方のなかには、先ほど言った、高倉健《たかくらけん》さんの「鉄道員《ぽっぽや》」の鉄《てつ》道員《どういん》みたいな、ねえ？　そういうドラマが、本当は隠れてるんですよ。隠れてるけど、普通は、それはドラマとしては見えないので、みんな、見過ごしていくんです。

だから、「平凡な人の平凡な生活」だと思われるなかに、実は、本人も気がついていない、「意外な値打ち」があったりする。そういう意味では、地上にあること、この世で「浅い表面にあると思ってる普通のこと」のなかに、〝深い深海《しんかい》を見せる〟ような部分があるんですよね。

やっぱり、そういう目を持って、世間《せけん》と渡《わた》り合っていくことが大事だと思うんだよ。まあ、私からの生意気《なまいき》な意見だけど、そういう目を持てば、おそらく、宗教としても、もう一つ、違いが出るんじゃないかね。

映画「鉄道員《ぽっぽや》」
（1999年公開／東映）

「第一次情報」を得るための「取材能力」

大友啓史守護霊　だから、おたく様の宗教も、やっぱり、講壇《こうだん》で説教垂《た》れる型の、〝講壇宗教〟の気《け》があるような気はするので、もうちょっと、そうした街角の人々の生活のなかにある心の動きや〝ひだ〟、あるいは、人生そのものを丹念《たんねん》に拾い集めていって、「そこから何を読み取れるか」っていうところを発見していく努力が要るんじゃないかねえ。

この「一次情報」は、そういうことを体験した個人でないかぎりは分からないんですよ。ピラミッドの組織で、ＮＨＫの会長に伝わったりするようなものではないので、やはり、現場にいる者が、「それがニュースだ」ということを知らなきゃいけない。

君たちの宗教で言えば、支部でいろんなことが起きているはずです。そのなかに、本当は、「宗教として大事なテーマ」「解決しなきゃいけないテーマ」とか、あるいは、「教えとして説かれなきゃいけないテーマ」があっても、その「一次情報」に接している人たちが、「それが大事なことだ」とか「ドラマ性があることだ」っていうことを分からないで見過ごしていることが、いっぱいあるんですよね。

だから、やっぱり、そのなかから情報を吸い上げていく機能を持つ必要があると思うんですよ。そしたら、宗教としてフィードバックが起き始めるので、この上がってきた「一次情報」に、勉強した知識が加わって、加工されると、映画になったり、本になったりして、アウトプットされてくると思うんだよね。ここんところに、若干《じゃっかん》、何か、頼《たよ》りなさを感じるものはあるね。

これは、「取材」っていうのを教わったことがない人には、たぶん、分からないんだと思うんだ。われらみたいなのは、活字になる前、あるいは、映像になる前の段階っていうのを、いちおう教育はされているので、やれるけど。

おたくの宗教なら、支部に配属されてる人に、「取材能力」っていうのを教えてないと思うのよ。うーん、取材っていうのを教えてないんだ。だから、「こういうことが知りたいんだ」っていうことが分からないんだと思うんだよね。それで、上から命令が下りてくるような感じになってると思う。

まあ、新聞の社会欄《らん》を読んだり、政治欄を読んだりして、いろいろ勉強して、情報を発信することは大事だろうとは思うけど、それに関係なく生きてる人たちはたくさんいるわけなので、「こういう人たちが必要としているものは何なのか」っていうのを探《さぐ》るのは、政治の仕事でもあると同時に、宗教の仕事でもあると思う。また、ジャーナリズムの仕事でもある。

だから、そのへんの、「一次情報の取材法」みたいなのを、少しは知ったほうがいいね。

監督としての「一次情報」は、やっぱり、出会う人たちとか、仕事、本業に直接関係するものじゃないところから、ヒントを得ていくことだろうねえ。

「役者の可能性」を常に考えなければいけない

大友啓史守護霊　それから、何か（の役）を頼んだ役者さんに対しても、その人が持っているほかの可能性を考えること。だから、今、その人に、これを頼んでいるというのがあっても、「この人は、ほかにどんな役ができるだろうか」っていうようなことを、常に思わなきゃいけない。

　例えば、佐《さ》藤《とう》健《たける》君みたいな人だったら、「いちおう、ああいう大作（映画「るろうに剣《けん》心《しん》」）に出て、ヒーローをやったら、あとは、何に出られるだろうか」っていうことを考える。

　意外にねえ、けっこう、きついんですよ。若くして大きな役を取って、成功した場合、そのあとに出るものについては、ちょい役では出られないですからね。もう、通行人（役）では出られないです。もう二度と、通行人は無理なので、やっぱり、「何ができるだろうか」っていうことを、自分なりにイマジネーションしなきゃいけない。

彼の意見なんかも聞いていたら、それで「この人には、こんな可能性もあるな」っていうのが分かるし、自分としてアドバイスしてやれることがあれば、「君、こんなところも勉強したほうがいいよ」っていうことを言ってあげると、また、次の作品までの間に、自分なりに訓練していくようなこともあるよね。まあ、そういうことがある。

だから、「取材力」みたいなのかな。そういうものを、個人として、ちょっと持つ必要があるんじゃないかなあ。

大友監督守護霊の「クリエイティブ語録」

「平凡な人の平凡な生活」だと思われるなかに、実は、本人も気がついていない、「意外な値打ち」があったりする。

「適度な距離《きょり》を取りながら交流していきたい」

小田　今日は、本当に、たくさんのためになる話を頂きまして、ありがとうございます。

大友啓史守護霊　ああ、そうですか。何か、お役に立てば……。

小田　はい。もう、これからの作品に、どんどん反映させていただきます。

大友啓史守護霊　ああ、そうですか。

小田　ええ。また、ＨＳＵでは、来年から、「未来創造学部　芸能・クリエーター部門専攻《せんこう》コース」が開設されますので。

大友啓史守護霊　ああ、そうですか。すごいですねえ。

小田　世界に通用する芸能クリエイターを輩出《はいしゅつ》していきたいと思います。

大友啓史守護霊　すごいですねえ。

小田　ありがとうございます。

大友啓史守護霊　なんか、おたく様は、もう、全部を備《そな》えてらっしゃるんですね。何でもあるんですね。

小田　ぜひ、応援《おうえん》してください。よろしくお願いいたします。

大友啓史守護霊　すごいですね。いやあ、応援してやりたいですが、私も、万一《まんいつ》、倒産《とうさん》した場合の資金援助とか……（会場笑）。多少、人脈があるから、人ぐらいは紹介《しょうかい》できますから。

小田　ありがとうございます。

大友啓史守護霊　「倒産したときとか、万一のときには融資《ゆうし》します」とか、「万一のときには仕事をくださる」とか、何か、そういう関係が……。

松本　倒産しなくとも、ぜひ、一緒にやってまいりましょう。

大友啓史守護霊　ええ、そういう関係が築ければ……、ええ。（石原を指して）まあ、彼は、助監督には要らないから（会場笑）。今のところは要らない。要らないですけども。

まあ、適度な距離《きょり》を取りながら、交流しましょうよ。ね？

小田　はい。ぜひ、よろしくお願いいたします。

松本　お願いします。

大友啓史守護霊　ええ、ええ。はい。

小田　ありがとうございました。

大友啓史守護霊　ありがとうございました。

11 初となった映画監督《かんとく》の守護霊霊言《れいげん》を終えて

今回の霊言《れいげん》で分かった「若い俳優」を使う理由

大川隆法　（手を二回叩《たた》く）いろいろと、しゃべってはくださったので、参考になることは、何かあったのではないでしょうか。

小田・松本　はい。

大川隆法　映画監督《かんとく》の（霊言《れいげん》）第一号ですが、〝古い人〟を出したら、また全然違《ちが》うことをおっしゃるかもしれません。

私が気がついていなかったことは、「若い人を使っている理由」です。やはり、そういうところはあるんですね。独立して事務所を立ち上げ、映画監督を始めるという意味で、ベテランを縦横無尽《じゅうおうむじん》に使うのは難しいわけです。

松本　はい。極《きわ》めて難しいようです。

大川隆法　つまり、若い人を使って、それを〝光らせる〟ことができたら、「あの監督は腕《うで》がよい」となって、人が集まってくるのでしょう。こちらも、それなりに大変なんですね。

逆に、失敗すると、人が来なくなるわけですから、非常にリスキーな仕事をしています。

向こうは、「いっしー」（石原）は要《い》らないかもしれませんが、当会の財務局との交友を進めたいと言っているかもしれません（笑）。

ニュースター・プロダクション社長へのアドバイス

大川隆法　ちなみに、映画のメイキング映像などを、いろいろと観《み》ていると、「今日で○○さん、クランクアップです」とかいうところが出てきますが、大友監督は、クランクアップした武井咲《たけいえみ》さんと抱《だ》き合ったりしていました。そのようなチェックが入って、「これは、やりすぎではないですか?」と思うときもありますが、ああいうのはね（笑）。

（小田を指して）ニュースター・プロダクション社長は〝危ない〟ですね。気をつけなければいかんでしょう。

小田　はい。

大川隆法　（笑）あまり女優などを揃《そろ》えすぎると〝危険〟なのではないですか。大丈夫《だいじょうぶ》ですか。

小田　いや……（笑）。

大川隆法　早く頭を丸めておいたほうがいいんじゃないの？（前頭部から後頭部に向かって手を動かしながら）すべて剃《そ》って……。

小田　はい。自然に丸まっていきますので（会場笑）。

大川隆法　〝色気《いろけ》〟があると危ないですよ。まあ、大きくなると、いろいろな方が来るので大変でしょうね。

でも、勉強にはなったと思います。今後とも、よろしくお願いしたいと思います（合掌《がっしょう》）。

小田・松本　ありがとうございます。

あとがき

書斎型の著作人間である私を、マンガを原作とする映画の世界に引きずり込むのは、そうとうの技《わざ》がなければ難しいと思う。大友監督は「るろうに剣心」という映画三作で、あっという間に私をクモの巣にからめとってしまった。もともと「殺陣《たて》」の描き方に関心があった面もあるが、邦画の強みを活《い》かし切っていると思う。映画の背景にも、正義心や若い人の勇気を育てたい温《あたた》かいまなざしがある。

私が製作総指揮する最近のアニメーション映画「神秘の法」は、米国のアカデミー賞・長編アニメーション部門審査対象作品21本（日本から2作）に選ばれ、ヒューストン国際映画祭では、スペシャル・ジュリー・アワードを受賞したが、実写のほうは、まだまだ難しさを感じている。今回、大友監督の「クリエイティブの秘密」の一端《いったん》をかい間見ることができて、とても参考になった。今後とも、間接的なりともご指導頂ければ幸いである。

二〇一五年　四月八日

幸福《こうふく》の科学《かがく》グループ創始者兼総裁《そうししゃけんそうさい》　大川隆法《おおかわりゅうほう》

『映画監督の成功術　大友啓史監督のクリエイティブの秘密に迫る』

大川隆法著作関連書籍

『大川総裁の読書力』（幸福の科学出版刊）
『Power to the Future』（同右）
『時間よ、止まれ。――女優・武井咲とその時代――』（同右）
『俳優・香川照之のプロの演技論 スピリチュアル・インタビュー』（同右）
『NHK「幻解！超常ファイル」は本当か
――ナビゲーター・栗山千明の守護霊インタビュー――』（同右）
『NHKはなぜ幸福実現党の報道をしないのか』（同右）
『高倉健　男のケジメ』（同右）
『俳優・木村拓哉の守護霊トーク「俺《オレ》が時代《トレンド》を創る理由《わけ》」』（同右）

映《えい》画《が》監督《かんとく》の成功術《せいこうじゅつ》
大友啓史《おおともけいし》監督《かんとく》のクリエイティブの秘密《ひみつ》に迫《せま》る

2015年4月16日　初版第1刷

著　者　　大《おお》　川《かわ》　隆《りゅう》　法《ほう》

発行所　　幸福の科学出版株式会社

〒107-0052 東京都港区赤坂2丁目10番14号
TEL(03)5573-7700
http://www.irhpress.co.jp/

印刷・製本　株式会社 東京研文社

落丁・乱丁本はおとりかえいたします

ISBN978-4-86395-665-0 C0030
写真：EPA＝時事／Top Photo/アフロ／時事通信フォト

大川隆法霊言シリーズ・クリエイティブの秘密を探る

ウォルト・ディズニー「感動を与える魔法」の秘密

世界の人々から愛される「夢と魔法の国」ディズニーランド。そのイマジネーションとクリエーションの秘密が、創業者自身によって語られる。

1,500円

「宮崎駿アニメ映画」創作の真相に迫る

宮崎アニメの魅力と大ヒット作を生み出す秘密とは? そして、創作や発想の原点となる思想性とは? アニメ界の巨匠の知られざる本質に迫る。

1,400円

AKB48 ヒットの秘密

マーケティングの天才・秋元康に学ぶ

放送作家、作詞家、音楽プロデューサー。30年の長きに渡り、芸能界で成功し続ける秘密はどこにあるのか。前田敦子守護霊の言葉も収録。

1,400円

幸福の科学出版

大川隆法霊言シリーズ・人気の秘密に迫る

時間よ、止まれ。

女優・武井咲とその時代

国民的美少女から超人気女優に急成長する武井咲を徹底分析。多くの人に愛される秘訣と女優としての可能性を探る。前世はあの世界的大女優!?

1,400円

「神秘の時」の刻み方

女優・深田恭子 守護霊インタビュー

人気女優・深田恭子の神秘的な美しさには、どんな秘密が隠されているのか？ 彼女の演技観、結婚観から魂のルーツまで、守護霊が語り明かす。

1,400円

魅せる技術

女優・菅野美穂 守護霊メッセージ

どんな役も変幻自在に演じる演技派女優・菅野美穂――。人を惹きつける秘訣や堺雅人との結婚秘話など、その知られざる素顔を守護霊が明かす。

1,400円

※表示価格は本体価格（税別）です。

大川隆法霊言シリーズ・人気の秘密に迫る

堺雅人の守護霊が語る 誰も知らない「人気絶頂男の秘密」

個性的な脇役から空前の大ヒットドラマの主役への躍進。いま話題の人気俳優・堺雅人の素顔に迫る110分間の守護霊インタビュー!

1,400円

俳優・香川照之のプロの演技論 スピリチュアル・インタビュー

多彩な役を演じ分ける実力派俳優が語る「演技の本質」とは?「香川ワールド」と歌舞伎の意外な関係など、誰もが知りたい「プロの流儀」に迫る。

1,400円

高倉健　男のケジメ

死後17日目、胸中を語る

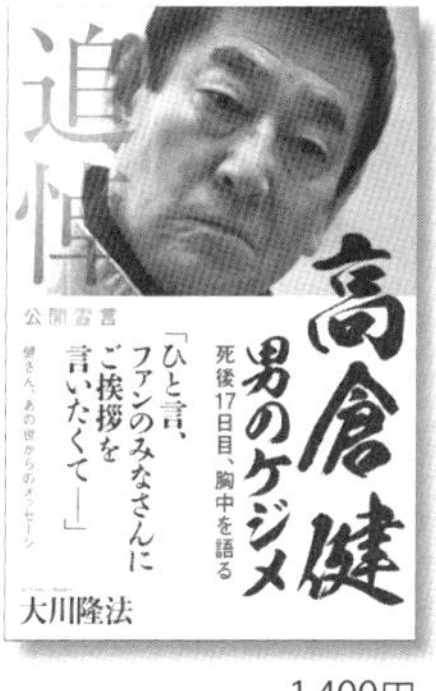

ファンや関係者のために、言い残したことを伝えに帰ってきた――。日本が世界に誇る名優・高倉健が、「あの世」からケジメのメッセージ。

1,400円

大川隆法霊言シリーズ・人気の秘密に迫る

人間力の鍛え方
俳優・岡田准一の守護霊インタビュー

「永遠の0」「軍師官兵衛」の撮影秘話や、演技の裏に隠された努力と忍耐、そして心の成長まで、実力派俳優・岡田准一の本音に迫る。

1,400円

俳優・木村拓哉の守護霊トーク
「俺《オレ》が時代《トレンド》を創る理由《わけ》」

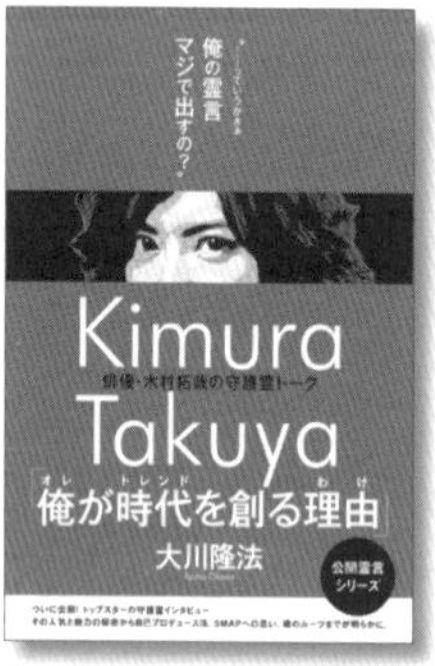

トップを走り続けて20年。なぜキムタクは特別なのか？ スピリチュアルな視点から解き明かす、成功の秘密、絶大な影響力、魂のルーツ。

1,400円

「イン・ザ・ヒーローの世界へ」
—俳優・唐沢寿明の守護霊トーク—

実力派人気俳優・唐沢寿明は、売れない時代をどう乗り越え、成功をつかんだのか。下積みや裏方で頑張る人に勇気を与える"唐沢流"人生論。

1,400円

※表示価格は本体価格(税別)です。

大川隆法ベストセラーズ・**創造的な仕事をするために**

創造する頭脳

人生・組織・国家の未来を開く クリエイティビティー

最新の世相・時局を自由自在に読み解きつつ、どんな局面からも「成功」を見出す発想法を指南！ 現代を生き抜くための「実践兵法」をあなたへ。

1,500円

創造の法

常識を破壊し、新時代を拓く

斬新なアイデアを得る秘訣、究極のインスピレーション獲得法など、仕事や人生の付加価値を高める実践法が満載。

1,800円

公開霊言 スティーブ・ジョブズ 衝撃の復活

英語霊言 日本語訳付き

世界を変えたければ、シンプルであれ。そしてクレージーであれ。その創造性によって世界を変えたジョブズ氏が、霊界からスペシャル・メッセージ。

2,700円

幸福の科学出版

大川隆法「法シリーズ」・**最新刊**

智慧の法

法シリーズ
第21作

心のダイヤモンドを輝かせよ

現代における悟りを多角的に説き明かし、
人類普遍の真理を導きだす――。
「人生において獲得すべき智慧」が、
今、ここに語られる。
著者渾身の「法シリーズ」最新刊

2,000円

第１章　繁栄への大戦略
――一人ひとりの「努力」と「忍耐」が繁栄の未来を開く
第２章　知的生産の秘訣　――付加価値を生む「勉強や仕事の仕方」とは
第３章　壁を破る力　――「ネガティブ思考」を打ち破る「思いの力」
第４章　異次元発想法　――「この世を超えた発想」を得るには
第５章　智謀のリーダーシップ　――人を動かすリーダーの条件とは
第６章　智慧の挑戦　――憎しみを超え、世界を救う「智慧」とは

大川隆法 製作総指揮
長編アニメーション映画
UFO学園の秘密
The Laws of The Universe Part 0
信じるから、届くんだ。
STORY
ナスカ学園のクラスメイト5人組は、文化祭で発表する研究テーマに取り組んでいた。そんなある日、奇妙な事件に巻き込まれる。その事件の裏には「宇宙人」が関係しており、そこに隠された「秘密」も次第に明らかになって……。超最先端のリアル宇宙人情報満載！ 人類未確認エンターテイメント、ついに解禁！
Hi!!!
UFO後進国日本の目を覚まそう!
監督／今掛勇　脚本／「UFO学園の秘密」シナリオプロジェクト
音楽／水澤有一　アニメーション制作／HS PICTURES STUDIO
10月10日、全国一斉ロードショー!
UFO学園 検索

幸福の科学グループのご案内

宗教、教育、政治、出版などの活動を通じて、地球的ユートピアの実現を目指しています。

宗教法人　幸福の科学

一九八六年に立宗。一九九一年に宗教法人格を取得。信仰の対象は、地球系霊団の最高大霊、主エル・カンターレ。世界百カ国以上の国々に信者を持ち、全人類救済という尊い使命のもと、信者は、「愛」と「悟り」と「ユートピア建設」の教えの実践、伝道に励んでいます。

（二〇一五年四月現在）

愛

幸福の科学の「愛」とは、与える愛です。これは、仏教の慈悲《じひ》や布施《ふせ》の精神と同じことです。信者は、仏法真理をお伝えすることを通して、多くの方に幸福な人生を送っていただくための活動に励んでいます。

悟り

「悟り」とは、自らが仏の子であることを知るということです。教学《きょうがく》や精神統一によって心を磨き、智慧《ちえ》を得て悩みを解決すると共に、天使・菩薩《ぼさつ》の境地を目指し、より多くの人を救える力を身につけていきます。

ユートピア建設

私たち人間は、地上に理想世界を建設するという尊い使命を持って生まれてきています。社会の悪を押しとどめ、善を推し進めるために、信者はさまざまな活動に積極的に参加しています。

国内外の世界で貧困や災害、心の病で苦しんでいる人々に対しては、現地メンバーや支援団体と連携して、物心両面にわたり、あらゆる手段で手を差し伸べています。

年間約３万人の自殺者を減らすため、全国各地で街頭キャンペーンを展開しています。

公式サイト　**www.withyou-hs.net**

ヘレン・ケラーを理想として活動する、ハンディキャップを持つ方とボランティアの会です。視聴覚障害者、肢体不自由な方々に仏法真理を学んでいただくための、さまざまなサポートをしています。

公式サイト　**www.helen-hs.net**

学部のご案内

人間幸福学部

人間学を学び、新時代を切り拓くリーダーとなる

人間の本質と真実の幸福について深く探究し、
高い語学力や国際教養を身につけ、人類の幸福に貢献する
新時代のリーダーを目指します。

経営成功学部

企業や国家の繁栄を実現し、未来を創造する人材となる

企業と社会を繁栄に導くビジネスリーダー・真理経営者や、
国家と世界の発展に貢献し
未来を創造する人材を輩出します。

未来産業学部

新文明の源流を創造するチャレンジャーとなる

未来産業の基礎となる理系科目を幅広く修得し、
新たな産業を起こす創造力と企業家精神を磨き、
未来文明の源流を開拓します。

校舎棟の正面

学生寮

体育館

住所 〒299-4325 千葉県長生郡長生村一松丙 4427-1
TEL.0475-32-7770

教育

学校法人 幸福の科学学園

学校法人 幸福の科学学園は、幸福の科学の教育理念のもとにつくられた教育機関です。人間にとって最も大切な宗教教育の導入を通じて精神性を高めながら、ユートピア建設に貢献する人材輩出を目指しています。

幸福の科学学園

中学校・高等学校（那須本校）
2010年4月開校・栃木県那須郡（男女共学・全寮制）
TEL 0287-75-7777
公式サイト happy-science.ac.jp

関西中学校・高等学校（関西校）
2013年4月開校・滋賀県大津市（男女共学・寮及び通学）
TEL 077-573-7774
公式サイト kansai.happy-science.ac.jp

ハッピー・サイエンス・ユニバーシティ（HSU）
TEL 0475-32-7770

仏法真理塾「サクセスNo.1」 TEL 03-5750-0747（東京本校）
小・中・高校生が、信仰教育を基礎にしながら、「勉強も『心の修行』」と考えて学んでいます。

不登校児支援スクール「ネバー・マインド」 TEL 03-5750-1741
心の面からのアプローチを重視して、不登校の子供たちを支援しています。
また、障害児支援の**「ユー・アー・エンゼル!」運動**も行っています。

エンゼルプランV TEL 03-5750-0757
幼少時からの心の教育を大切にして、信仰をベースにした幼児教育を行っています。

シニア・プラン21 TEL 03-6384-0778
希望に満ちた生涯現役人生のために、年齢を問わず、多くの方が学んでいます。

NPO 活動支援

学校からのいじめ追放を目指し、さまざまな社会提言をしています。また、各地でのシンポジウムや学校への啓発ポスター掲示等に取り組む一般財団法人「いじめから子供を守ろうネットワーク」を支援しています。

公式サイト mamoro.org
相談窓口 TEL.03-5719-2170
ブログ blog.mamoro.org

政治

幸福実現党

内《ない》憂《ゆう》外《がい》患《かん》の国難に立ち向かうべく、二〇〇九年五月に幸福実現党を立党しました。創立者である大川隆法党総裁の精神的指導のもと、宗教だけでは解決できない問題に取り組み、幸福を具体化するための力になっています。

党員の機関紙
「幸福実現NEWS」

TEL 03-6441-0754
公式サイト hr-party.jp

出版
メディア
事業

幸福の科学出版

大川隆法総裁の仏法真理の書を中心に、ビジネス、自己啓発、小説など、さまざまなジャンルの書籍・雑誌を出版しています。他にも、映画事業、文学・学術発展のための振興事業、テレビ・ラジオ番組の提供など、幸福の科学文化を広げる事業を行っています。

アー・ユー・ハッピー？
are-you-happy.com

ザ・リバティ
the-liberty.com

幸福の科学出版
TEL 03-5573-7700
公式サイト irhpress.co.jp

THE FACT

ザ・ファクト
マスコミが報道しない
「事実」を世界に伝える
ネット・オピニオン番組

Youtubeにて
随時好評配信中！

ザ・ファクト　検索